KB028867

벤저민 그레이엄의

13가지 부자 수업

이 책은 2020년 12월 9일부터 2022년 1월 24일까지
이지성TV 멤버십 2단계 이상 회원들을 대상으로 한 '벤저민 그레이엄 강의'를 정리한 것입니다.

일러두기

· 통상적으로 상용하는 구어체 표기와 맞춤법 일부를 그대로 따랐습니다.
· 외래어 표기는 국립국어원 원칙을 따르되, 일반적으로 통용되어 굳어진 용어나 기업 명칭은 그대로 사용했습니다.
· 문장 부호는 다음의 기준에 맞춰 사용했습니다.
《 》 단행본 · 신문 · 잡지 · 정기간행물 등
〈 〉 칼럼 · 논문 · 기사 · 영화 · 노래 등

워런 버핏 스승에게 배우는 부의 사고방식

벤저민 그레이엄의 13가지 부자 수업

| 이지성 지음 |

차이정원

차례

PART 2
문제는 '부'가 아니라 '사고방식'이다
꽁초투자에서 가치투자까지, 그레이엄은 어떻게 부를 공부했을까

PART 3
벤저민 그레이엄처럼 투자하라
최고의 성공으로 이끄는 부의 사고방식 13

Benjamin Graham

PART 1

지금, 벤저민 그레이엄을 만나라

투자의 위기, 어떻게 대처할 것인가

대폭락의 시대에도 끝까지 살아남은 투자자

한국뿐 아니라 미국의 주가가 폭락하고 있다. 달러 환율 역시 끝없이 오르는 중이다. 지금의 이 위기가 과연 언제쯤 끝날 것인가? 끝이 있긴 한 것일까? 이 위기 이후의 우리는 어떻게 될 것인가? 이런 질문들에 대한 답을 얻기 위해서는 우선 지난 100년의 주식시장 역사를 되돌아보는 것이 필요할 듯하다.

지난 100년간 주가는 소소한 폭락과 반등을 거듭하며 이어져왔다. 어떤 경우는 너무나 치명적이라 이전으로 돌아갈 수 없을 것 같았지만, 결국 시간이 지난 후 모든 것은 회복되었다. 이전 수준으로 회복한 것이 아니라 그보다 더 높은 수준으로 올라갔다.

세계를 들썩인 위기 상황들

미국에서는 세계 경제 전체를 떠들썩하게 했던 몇 번의 대폭락이 있었다. 가장 먼저는 1929년 대공황이다. 1929년 시작되어 거의 10년여간 이어진 최악의 사태였다. 1차 세계대전 후 미국이 경제 호황을 맞았지만, 그로 인해 경제에 거품이 생겼다. 농업 분야에서 과잉 생산이 이루어졌고, 수요와 공급의 불균형으로 경기가 침체되면서 주식시장이 붕괴했다. 이 기간에 다우 존스 지수이하 다우 지수는 최고점 대비 88%가 폭락했다. 주식이 휴지 조각이 되면서 순식간에 사람들의 재산이 사라졌다. 루스벨트Roosevelt, Franklin Delano 미국 대통령은 정부 주도로 경제 곳곳에 직접 개입해 침체된 경기를 살리기 위한 뉴딜정책을 실시했다. 그 후 2차 세계대전으로 군수산업이 성장하고, 고용이 창출되며 대공황은 끝이 난다.

1987년 10월 19일, 월 스트리트의 주가가 하루 만에 22.5%나 빠졌다. 짧은 시간에 이렇게 많은 주가가 빠진 것은 1929년 대공황 때도 없었던 일이다. 이날을 가리켜 '블랙 먼데이Black Monday'라고 한다. 블랙 먼데이가 발생하기 두 달 전, 다우 지수는 연초대비 40%나 상승하면서 사상 최고치를 기록했다. 이런 호황 분위기에서 대폭락이 일어날 거라고 예상하기란 쉽지 않았다. 이 일은 그동안 누적되어온 미국의 재정적자와 국제수지 적자, 금리 상승에 대한 불안감 등 여러 요인이 복합적으로 작용한 것으로 보고 있다. 이런 문제 이외에도 '프로그램 트레이딩'이라고 불리는 자동 주식거래에 연계된 선물거래가 급격한 폭락을 앞당겼다고 알려지기도 했다.

2000년대 초반 주식시장을 강타한 것은 '닷컴 버블의 붕괴'였다. 1995년부터 인터넷이 폭발적으로 성장하면서 IT기업들이 급부상하게 되었는데, 이 내용은 주식시장에 바로 반영되었다. 인터넷 산업에 대한 전망이 장밋빛으로 소개되면서 주가가 폭발적으로 상승한 것이다. 사람들은 이제 곧 새로운 세계가 다가온다고 생각했고, 신규 벤처기업들의 주가는 엄청나게 폭등했다. 그런데 1995년부터 2000년까지 나스닥 지수는 400%가 상승했으나 인터넷 산업의 발전 속도는 생각만큼 빠르게 이루어지지 않았다. 과도기적 단계, 비싼 요금, 그리고 만족스럽지 못한 서비스 등으로 사람들이 등을 돌리면서 주가는 대폭락했고, 수많은 벤처기업이 파산했다.

서브프라임 모기지의 버블 붕괴와 거대 투자은행인 리먼 브라더스의 파산으로 일어난 2008년 세계 금융위기는 전 지구적인 경제위기를 불러왔다고 회자될 만큼 엄청난 사건이었다. 당시 미국에서는 신용등급이 낮아 대출을 받기 어려운 저소득층에게 낮은 금리로 주택 담보 대출을 해주었다. 그런데 석유 가격이 급등하면서 달러 가치가 하락하자, 이에 금리 인상으로 대응하다 보니 대출을 받은 사람들의 부담이 갑자기 늘어나게 되었다. 수많은 사람이 대출을 감당하지 못해 집을 팔기 시작했고, 그 과정에서 집값이 떨어지자 대출 상환을 위해 고금리 대출을 이용하면서 사람들이 파산하는 사태가 속출했다. 파산을 하게 되면 더는 채무를 법적으로 이행하지 않아도 되는데, 이것이 경제위기를 초래하는 발단이 된 것이다. 서브프라임 모기지 부실과 파생상품 손실에서 비롯된 대규모의 부채를 감당하지 못한 투자은행 리먼 브라더스가 2008년 8월 파산보호 신청을 하면서 미국의 본격적인 금융위기가 시작되었다. 도미노처럼 글로벌 금융시장은 붕괴하였고, 이는 곧 전 세계의 증시를 강타했다. 다우 지수는 반토막이 났고, 전 세계 주식시장이 대폭락하고 수많은 기업이 파산했다. 이 불황은 5년 이상 지속되었고, 미국 증시는 한참 후에야 제자리를 찾을 수 있었다. 물론 그 후 주가는 이전보다 더 상승했다.

주식 천재들의 몰락

지난 주식 폭락의 역사를 되돌아보는 것은 분명 의미가 있다. 예기치 않은 사건에 의해 주가는 폭락하지만, 시간이 지나면 다시 제자리를 찾았음은 물론 이전보다 더 짜릿한 주가 상승을 반드시 안겨줬다. 즉, 자본주의 시장을 믿고 기다린다면 이 시장에서 다들 부자가 될 수 있다. 이것은 역사적으로 증명된 일이다. 하지만 이러한 명백한 사실에도 불구하고 모든 투자자가 주식시장에서 성공을 거두는 것은 아니다.

코로나 시기, 주식이 대폭락하자 우리나라에서도 수많은 개미가 주식시장에 뛰어들었다. 하지만 이때 철학 없이 주식시장에 뛰어든 대부분의 사람은 돈을 잃었다. 일반인들만 주식투자에 실패하는 것이 아니다. 투자에 뛰어난 재능을 지닌 것처럼 보이는 사람도 마찬가지이다. 눈부신 성공을 거둔 후 처참하게 몰락하곤 한다.

고작 열다섯 살의 나이에 투자에 눈을 뜬, 전설적인 투자자가 있다. 바로 제시 리버모어Jesse Livermore라는 사람이다. 리버모어는 가난한 농부의 아들로 태어났다. 숫자에 남다른 재능이 있던 어린 소년은 그날의 주가를 칠판에 적는 '초크 보이'로 일하며 주식 차트의 패턴에 눈을 떴다. 그리고 1년 만에 천 달러의 수익을 올리며 투자의 세계에 화려하게 입문했다. 이후 제시 리버모어의 삶은 롤러코스터처럼 급격한 상승과 하강을 반복한다. 엄청난 손실을 보는가 하면 전 세계를 깜짝 놀라게 할 만큼 큰 수익을 내기도 했다. 특히 1929년 대공황 시절에는 한 방에 2조 원이라는 어마어마한 돈을 벌어들이기도 했다. 하지만 이 전설적인 투자자의 끝은 비극이었다. 급격하게 하강한 롤러코스터가 반등하지 못하고 끝내 땅에 처박히고 만 것이다. 그는 벌어놓은 돈을 다 잃고 우울증에 시달리다 스스로 목숨을 끊고 말았다.

주식투자 세계에는 이런 사례가 비일비재하다. 상상할 수 없을 만큼 큰돈을 순식간에 벌어들이고 이후 투자에 실패하여 재기하지 못하는 경우 말이다. 2021년도에는 월 스트리트의 스타 펀드 매니저, 샤를 드볼이 자신의 사무실에서 뛰어내려 생을 마감했다. '인터내셔널 밸류 어드바이저International Value Advisor, IVA'의 최고운용 책임자였던 드볼은 한때 22조의 자산을 운용할 정도로 능력을 인정받았으며, 특히 저평가주를 골라내는 뛰어난 능력으로 승승장구하던 펀드 매니저였다. 저평가된 가치주에 투자하던 그의 전략은 코로나 팬데믹으로 직격탄을 맞았다. 투자자들이 잇따라 자금을 빼내면서 회사 운영에 어려움을 겪다 결국 폐업하게 되자 비극적인 선택을 한 것이다.

전설적 주식 투자자의 해피 엔딩

하지만 그런 투자자들과 조금 다른 길을 걸어간 투자자가 있다. 몇 번의 어려움을 겪긴 했지만 굴하지 않고 투자에 성공해 다시는 돈을 잃지 않은 사람의 이야기이다. 이 사람은 결국 남들이 모두 부러워할 만큼 큰 부자가 된 후 행복한 노후를 보냈다. 주식투자로 큰돈을 번 사람들이야 많지만 그것을 오랫동안 지키고, 행복한 말년을 보낸 사람의 이야기는 흔치 않다. 이야기의 주인공은 가치투자의 대가 벤저민 그레이엄Benjamin Graham이다. 그레이엄이 투자에 놀라운 재능을 가지고 있긴 했지만, 처음부터 투자에 성공했던 것은 아니다. 젊은 시절 투자를 하는 과정에서 여느 투자자들처럼 성공과 실패의 시기가 있었다. 실패했을 때는 자살을 생각할 만큼 고통스러운 시간을 보내기도 했다. 특히 대공황기에 자산의 70%까지 잃었다. 하지만 그 손실을 6년 만에 전액 만회한 후 1967년 은퇴할 때까지 31년간 평균 17%의 수익을 올린다. 그는 노년을 풍족하게 보낼 만큼의 재산을 모아놓고 은퇴한 후 캘리포니아 비벌리힐스로 이주한다. 투자를 그만둔 이후에는 UCLA 경영대학원 교수가 되어 15년간 무보수로 강의를 하며 여생을 즐겼다. 그리고 고급 저택에서 풍요로운 삶을 누리다가 94세의 나이에 평온하게 삶을 마감했다. 제시 리버모어의 불우하고 쓸쓸한 결말과는 사뭇 다른 이야기이다. 아마 모두 이런 꿈같은 노년을 기대할 것이다. 이룰 것을 다 이룬 후에 고급스러운 저택에서 맞이하는 노년 말이다.

이 사람이 대단한 것은 투자에 성공해 부자가 되었기 때문만은 아니다. 투자에 성공해 벤저민 그레이엄보다 더 큰돈을 번 사람들도 있다. 그레이엄이 위대한 것은 본인의 투자만 성공한 게 아니라 그의 뜻을 이어받은 제자들의 투자도 성공으로 이끌었다는 데 있다. 워런 버핏Warren Buffett이 대표적이다. 월터 슐로스Walter Schloss, 어빙 칸Irving Kahn 등 다른 많은 제자도 재벌급 부자가 되었음은 물론이다. 그들은 모두 벤저민 그레이엄의 투자 원칙을 그대로 실천하여 놀라운 성과를 이루어냈다.

'주식'이 아닌
'기업'에 투자한 제자들

주식시장을 통해 다들 큰돈을 벌 수 있을 거라고 생각하겠지만 전 세계 주식시장을 놓고 봤을 때, 일반 투자자와 전업투자자의 95% 이상은 돈을 벌지 못한다. 주식투자로 돈 버는 법칙은 아주 간단하다. 우량주식에 장기투자하면 된다. 하지만 이 원칙을 접하고 바로 이해한 후 실천하는 사람이 있고, 반면 잘 듣는 척하다가 뒤에 가서는 듣도 보도 못한 주식을 사는 사람들이 있다. 이것은 학문적 깊이의 차이라기보다는 사고방식의 차이이다. 즉, 부자의 사고방식을 갖지 못한 사람은 아무리 노력해도 부자가 될 수 없다. 부자가 되기 위해서는 얼른 이 사고방식을 깨쳐야 한다.

미국 전체 인구 중에서 정말 놀라운 투자수익을 올린 사람이 215명 정도인데, 그중 40명이 벤저민 그레이엄의 제자들이라고 한다. 어떻게 그레이엄의 제자들은 이렇게 놀라운 투자수익을 낼 수 있었을까? 이 제자들의 성공은 스승의 투자기법을 단순히 따라해 얻은 것이 아니다. 스승의 사고체계, 생각 시스템, 부자의 사고방식을 습득하고 따라했기 때문에 이루어낸 것이다. 벤저민 그레이엄이 가르쳐준 것은 어떤 종목에 투자해야 하는지가 아니다. 주식시장에서 어떤 상황이 닥쳤을 때 의사결정을 어떻게 해야 하는가, 그 사고방식을 가르쳐준 것이다.

월터 슐로스, 수익이 아니라 손해를 차단하다

그레이엄의 제자 중 한 명은 월터 슐로스이다. 다른 투자자에 비해 대단히 유명한 사람은 아니지만 그레이엄의 스타일을 가장 오랫동안 따라해서 그레이엄 투자 방식의 증언자라고 할 수 있다. 월터 슐로스는 1946년부터 1955년까지 그레이엄 회사에서 일했는데, 주로 운전자본運轉資本, 원자재나 인건비 지급처럼 한 번 써서 그 가치가 생산물로 바뀌는 자본 미만에 거래되는 이른바 '넷넷net-nets 주식'넷넷 가치는 현금성 자산에서 부채를 뺀 후 총발행주식으로 나눈 가격을 의미한다.을 찾는 것이 그의 업무였다. 9년 반을 그레이엄과 함께 일하다가 그레이엄이 은퇴하면서 1955년 본인의 투자 회사를 설립한다. 10만 달러를 가지고 펀드를 시작했는데, 따로 수수료를 받지 않고 이익의 25%를 공유하는 방식으로 자금을 운용했다. 고객이 돈을 벌지 않으면 운용보수를 따로 청구하지 않았던 것이다. 1955년 10만 달러로 시작한 펀드는 2002년 3,500만 달러가 되었다. 무려 47년 동안 연평균 16%의 수익률을 올린 것이다. 대단한 학벌을 가진 사람이 허다한 월 스트리트 판에서 월터는 대학을 다닌 적이 없으며, 그레이엄의 책《증권분석Security Analysis》을 읽은 후 금융 연수원에서 그레이엄의 야간 강좌를 수강한 것이 전부이다. 월 스트리트에 아는 사람이 없어 주식 정보를 전혀 받을 수가 없었기에 상장회사 편람에서 실적을 살펴보고 회사에 연차 보고서를 보내달라 요청해 그 회사를 분석했다. 슐로스는 가치가 낮게 거래되는 종목을 찾아내는 데 일가견이 있었다. 그는 다른 것들은 전혀 신경 쓰지 않았다. 다만 어떤 기업이 1달러의 가치가 있는데 내가 그것을 40센트 주고 살 수 있다면 좋은 일이 일어날 거라는 것만 생각했다. 그는 내재가치보다 낮은 가격에 거래되고 있는 주식을 찾는 것에만 온 신경을 쏟았다. 좋은 기업에 집중 투자하는 워런 버핏과 달리 내재가치 대비 싸게 거래되는 100여 개의 기업을 찾아 분산투자한 것이다.

버핏에 비해 비교적 소박한 투자자처럼 보이지만 사실 슐로스는 보통 사람이 아니다. 비상장회사 가치보다 훨씬 낮은 가격에 거래되는 주식 종목을 무려 100개나 찾아낼 수 있는 실력의 보유자가 어떻게 소박한 투자자일 수 있겠는가. 슐로스는 특정 주식이 손해를 끼쳤을 때 크게 스트레스를 받지 않기 위해 항상 50~100개 주식을 보유했다. 그는 무슨 수를 쓰더라도 원금을 보전하기 위해 애썼다. 돈을 벌려고 노력했다기보다는 손해를 보지 않으려고 노력했다는 편이 맞을 것이다. 이것은 그레이엄이 투자를 하면서 철칙으로 세웠던 것과 동일하다. 큰 수익을 내기보다 손해 보지 않는 것에 집중하는 것 말이다.

자산의 진정한 가치를 평가한 어빙 칸

그레이엄의 제자 중 세계 최고령 투자자였던 어빙 칸에 대한 이야기를 빼놓을 수 없다. 그는 109세에 세상을 떠나기 전까지 무려 85년 동안 주식시장에서 활동했다. 1928년부터 2015년까지, 세계 대공황, 2차 세계대전, 리먼 사태 등 역사적인 사건들을 거치며 투자를 해왔던 것이다. 어빙 칸은 투자 초기부터 그레이엄의 방식대로 투자했던 것은 아니다. 1929년 모두가 엄청난 돈을 잃은 대공황 시기에 어빙 칸은 오히려 돈을 벌었는데, 이때 광산회사의 주식을 공매도하는 방식으로 엄청난 수익을 올렸던 것이다. 주가 상승이 아니라 하락에서 돈을 벌었는데 상당히 위험한 방식이었다. 트레이더들이 높은 가격에 주식을 사들이는 것을 보며 주식시장의 붕괴를 예측하고 공매도를 건 것이다.

하지만 그레이엄의 투자 철학에 감명을 받은 후 가치투자에 대해 눈을 뜨면서 저평가된 회사에 투자하는 방식으로 방법을 바꾸었다. 그는 벤저민 그레이엄이 강의한 증권분석 수업의 초창기 수강생이었는데, 이후 그의 조교가 되어 그레이엄이 1956년 은퇴할 때까지 그 밑에서 일했다. 어빙 칸은 벤지민 그레이엄과 함께 월 스트리트에서 컬럼비아 대학까지 지하철을 같이 타고 다녔는데, 그러는 동안 많은 이야기를 나눴다고 한다.

워런 버핏이 대기업 주식에 주로 투자했다면 어빙 칸은 작은 규모의 회사에 집중했다. 어빙 칸은 자신만의 투자 원칙을 정하고 감정을 억제한 상태에서 기다릴 줄 알아야 투자에서 성공할 수 있다고 주장했다. 어빙 칸은 변형된 그레이엄식으로 투자를 했다. 그레이엄이 재무상태를 보며 운전자본 미만에 거래되는 종목을 살 뿐 기업의 본질에 대해서 크게 개의치 않았다면, 어빙 칸은 기업의 상태가 좋아질 수 있는 촉매가 무엇인지, 그리고 토지, 지적재산권, 브랜드 등 자산의 진정한 가치까지 평가했다.

빌 루안의 네 가지 투자 철학

세쿼이아 펀드의 빌 루안Bill Ruane 역시 벤저민 그레이엄의 제자로 하버드 경영대학원에서 《증권분석》을 읽은 후 투자에 흥미를 가지게 되었다. 그레이엄이 제시한 투자 방법에 깊은 인상을 받은 것이다. 1950년 컬럼비아 대학에서 그레이엄의 강의를 들었고, 이때 워런 버핏과도 친구가 된다. 버핏이 1969년 운용하던 투자조합을 해산할 때 투자금을 맡기고 싶어 하는 조합원들에게 세쿼이아 펀드를 소개할 정도로 빌 루안을 신뢰했다.

빌 루안은 친구 릭 커니프Rick Cunniff를 끌어들여 루안 커니프라는 회사를 세웠고 1970년에 세쿼이아 펀드를 출범했다. 이 펀드는 48년 동안 연평균 14%의 수익률, 누적수익률 48,332%라는 엄청난 기록을 세웠다. 같은 기간 S&P 지수신용 평가기관인 미국의 스탠더드 앤드 푸어스[Standard and Poors]가 작성한 주가지수 대비 약 3배의 초과수익을 낸 것이다. 세쿼이아 펀드는 압도적 경쟁우위를 갖춘 기업을 내재가치 이하에 매수해 장기투자하는 방식을 택했고, 기업 분석을 할 때 경쟁사, 공급자, 수요자, 경영자 등 모든 부분을 깊이 있게 연구하고 분석했다. 세쿼이아 펀드는 고객들에게 보낸 메시지에서 투자 철학에 대해 언급했는데, 이는 오늘날에도 많은 투자자들에게 영향을 주었다.

이들은 기업에 투자할 때 네 가지 요소에 집중했다. 첫째는 우량기업이다. 자기 자본에 비해 당기 수익률이 오랫동안 높은 기업을 최우선적으로 선호했다. 둘째는 유연한 가격 결정력이 있는 기업이다. 강력한 브랜드를 보유하고 있어서 가격에 대해 소비자들이 믿고 구매할 수 있어야 한다. 셋째는 현금 흐름을 창출하고 있는 기업이다. 인플레이션이 발생해서 장기간 재투자하더라도 버틸 수 있는 기업이어야 한다. 마지막으로 적당한 가격에 주식을 사는 것이다. 혹시 모를 위험이 찾아왔을 때, 손실을 줄일 수 있기 때문이다.

벤저민 그레이엄 제자들의 포트폴리오를 보면 전체 투자 기간에 중복되는 종목은 거의 없었다. 그리고 투자 방식도 다 달랐다. 단지 그들이 고수했던 것은 벤저민 그레이엄의 철학뿐이었다. 그레이엄은 주식을 사는 것을 기업을 구매하는 관점으로 바라봤다. 대부분의 사람은 차트를 보고 주식을 사고판다. 즉, 1주일 전과 비교해봐서 주식이 올랐으니 앞으로도 더 오를 것 같다며 주식을 산다거나, 점점 떨어지고 있으니 앞으로도 떨어질 것 같다며 파는 것이다. 하지만 당신이 주식시장에서 사는 것이 주식이 아닌 기업이라고 생각해보라. 이 기업의 가치가 오늘 잠깐 몇 퍼센트 떨어졌다고 해서 그 회사를 팔아버리겠는가? 어떤 회사가 본질적으로 별로 좋은 회사가 아닌데 매출이 일시적으로 올랐다고 그 기업을 사겠는가? 그레이엄은 이런 관점에서 주식을 바라봤고, 그레이엄의 제자들 역시 이 철학을 그대로 받아들인 것이다. 주식투자로 실패한 사람들은 모두 '주식'을 샀다. 성공한 소수의 사람들은 주식이 아니라 '기업'을 샀다. 이것이 벤저민 그레이엄이 제자들에게 남긴 철학이다. 주식을 사지 말고 기업을 사라는 것이다. 이 철학과 원칙을 가진 사람들은 주식시장에서 모두 돈을 벌어 부자가 되었다.

워런 버핏이 열광한 단 한 사람

그레이엄의 제자 중 단연 돋보이는 사람은 세계 최고의 부자이자 투자계의 영원한 구루로 자리 잡은 워런 버핏이다. 우리나라 사람들은 워런 버핏을 슈퍼 개미라고 생각하는 경향이 있는데, 이 사람은 단지 주식투자를 잘하는 사람이 아니다. 워런 버핏은 재벌 회장이다. 버핏이 회장으로 있는 버크셔 해서웨이가 가지고 있는 계열사만 600개가 넘으며, 시가총액은 삼성전자보다도 많다. 워런 버핏의 주식투자 스케일 또한 상상을 초월한다. 마음에 드는 주식을 사는 정도가 아니라 내키면 회사를 통째로 사버린다.

워런 버핏은 벤저민 그레이엄의 열렬한 추종자로 잘 알려져

있다. 버핏은 원래 독서광이었다. 어린 시절부터 경제 서적뿐만 아니라 철학, 역사 등 다양한 분야의 독서를 즐겼다. 90세를 넘긴 지금도 하루에 5시간씩 공부를 한다고 한다. 버핏은 열아홉 살에 벤저민 그레이엄의 저서《현명한 투자자The Intelligent Investor》를 접하게 된다. 그리고 실로 엄청난 감동을 받았다. 책을 읽은 후 머릿속이 환하게 밝아지면서 새로운 세계가 열리는 것 같은 깨달음을 얻었다고 한다. 이후 버핏은 이 책《현명한 투자자》를 자기 인생의 책으로 정하고 평생 반복해서 읽어야겠다고 마음먹는다. 그리고 실제로 그렇게 한다. 초판을 1950년에 읽고 이후 틈날 때마다 반복해서 책을 읽었다. 그냥 읽은 것이 아니라 그 안에 들어있는 내용, 단어 하나 빠짐없이 꼭꼭 마음에 새겨가며 읽었다. 달달 외우고 다녔다고 해도 과언이 아니다. 이 책은 시대의 흐름에 따라 총 네 번 개정이 되었다. 시대의 흐름이 바뀔 때마다 계속 수정되었다. 버핏은 새로운 판본이 나올 때마다 반복해서 읽어 어떤 부분이 바뀌었는지 모두 알고 있었다. 버핏이 IBM의 반트러스트법 위반 사건과 관련한 증언을 할 당시, IBM 측 변호사가《현명한 투자자》의 내용을 인용하며 버핏에게 '당신은 책에 나와있는 내용을 부정하고 있다.'라고 말했는데, 그때 버핏은 변호사를 향해 이렇게 되받아친다.

"지금 당신은 세 번째 개정판에 있는 구절을 인용했는데, 세 번째 개정판에는 그레이엄과 도드Dodd 외에 또 다른 공저자가 있었습니다."

일류 경영대학원 졸업생보다 《현명한 투자자》를 읽은 사람이 낫다

워런 버핏은 네브래스카 대학교 졸업 후 벤저민 그레이엄이 있는 컬럼비아 대학교 경영대학원에 진학한다. 당시 그레이엄의 강의 내용을 완벽하게 알아들은 학생은 버핏뿐이었다. 벤저민 그레이엄이 컬럼비아 대학교에 있는 동안, A+를 받은 학생은 워런 버핏이 유일하다고 한다.

워런 버핏은 고향 오마하에서 투자조합을 만들고 투자를 시작했다. 투자조합이라고 해서 번듯한 회사 건물이 있었던 것도 아니다. 자기 침실을 사무실로 사용했다. 사람들은 동네에 투자에 일가견이 있는 젊은이가 있다는 소문을 듣고 버핏의 사무실을 방문했다가, 그 사무실이 침실이라는 것을 알고는 적잖이 당황했다. 왠지 사기꾼 같다며 돈을 맡기지 않은 사람들도 많았다. 당시 버핏에게 돈을 맡겼던 사람들은 훗날 1만 배 이상의 수익을 냈다. 천만 원을 맡기고 100억을 벌게 된 것이다. 실로 엄청난 일이 아닐 수 없다. 버핏의 이 기적적인 투자는 벤저민 그레이엄 덕에 가능했다.

물론 버핏은 그레이엄을 뛰어넘어 더 큰 부자가 된다. 그레이엄식의 가치투자내재가치보다 낮은 가격으로 거래되고 있는 주식을 사서 제값이 되면 파는 전략가 더는 먹히지 않던 시점, 버핏은 그저 그런 기업을 헐값에 사는 것보다 훌륭한 기업을 적정한 가격에 사는 것이 훨씬 더 좋다는 것을 알게 된다. 성장주 투자의 아버지라고 불리는 필립 피셔Philip Fisher의 영향을 받은 것이다.

필립 피셔가 이야기하는 바는 간단하다. 지금 어떤 회사가 그레이엄식의 기준으로는 가치투자가 아닐 수 있다. 현재 주식이 너무 높기 때문이다. 하지만 미래를 보면 달라진다. 30년, 50년, 100년 후 장기적으로 우상향할 이 기업의 주식을 지금 산다면 이것이 진정한 가치투자가 될 수 있다는 것이다. 이런 최고의 우량기업을 몇 종목만 사서 장기 보유하면 누구나 부자가 될 수 있다는 이야기이다. 버핏은 이 이야기에 크게 감동하여 이 투자법을 적용하기 시작한다. 이 시기부터 워런 버핏은 획기적인 부자가 된다. 장기투자의 복리 효과가 나타나기 시작한 게 버핏이 50세부터였는데, 이때부터 버핏의 재산은 기하급수적으로 불어난다. 버핏은 자신이 세계적인 부자가 될 거라는 것은 예상했지만 어느 정도 부자가 될지는 잘 몰랐다. 버핏이 굴리던 작은 스노볼은 순식간에 큰 스노볼이 되고 점차 인류 역사상 존재하지 않았던 거대한 스노볼로 자리 잡은 것이다. 투자의 방법은 바뀌었지만, 워런 버핏의 투자에 대한 기본적인 철학은 벤저민 그레이엄에게서 고스란히 물려받은 것이다. 투자란 '주식'을 사는 것이 아니라 '기업'을 사는 것이라는 대원칙 말이다.

워런 버핏은 투자에서 성공하기를 원한다면《현명한 투자자》를 반드시 읽어봐야 한다고 주장했다. 이 책을 읽지 않고 투자를 논하는 것은 말도 안 된다는 것이다. 그가 운영하는 투자회사 버크셔 해서웨이에서 사람을 뽑는다면 일류 경영대학원을 졸업한 사람보다 벤저민 그레이엄의《현명한 투자자》에서 8장 '투자와 시장 변동성'에 대해 깊이 이해하는 사람을 뽑겠다고 밝혔을 정도이다. 워런 버핏은 최근까지도 장이 급격하게 떨어지거나 보유한 종목을 팔고 싶은 마음이 들면 이 책을 꺼내서 읽었다고 한다. 그가 얼마나 그레이엄을 깊이 존경해왔는지 알 수 있다.

투자를 과학의 영역으로 승화하다

워런 버핏은 그레이엄을 신과 같은 존재였다고 말한다. 대체 어떤 점이 워런 버핏에게 그런 생각을 갖게 했을까? 월 스트리트에는 전설적인 여러 투자자가 있지만 그중에서도 벤저민 그레이엄은 전설 중의 전설이 아닐 수 없다. 주식투자를 투기가 아닌 과학의 영역으로 승화했기 때문이다.

미국의 1930~1940년대 주식시장은 엉망진창이었다. 도박과 크게 다를 바가 없는 판이었다. 어떤 체계적인 규칙이나 규율이 존재하지 않았던 것이다. 불법적인 작전들이 횡행하던 시절이었다. 대부분의 사람들이 '감'에 의지해 투자했다. 벤저민 그레이엄은 이런 상황에서 투자에 대한 철학을 세웠고 최초로 투자에 대한 분석을 시도했다. 투기가 판치는 주식시장에서 처음으로 과학적인 투자 방법을 제시한 것이다.

그가 가장 강조했던 것은 최소한의 리스크로 원하는 만큼 수익을 내는 것이었다. 그런 까닭에 저평가된 주식을 찾아내어 투자하는 것을 기본으로 삼았다. 쉽게 말해 기업의 본 가치가 천억인데 주식시장에서 현재 500억의 가치로 팔리고 있는 기업을 찾아내는 것이다. 이 기업의 주식이 50% 저평가되어 있기에 이것을 사두면 언젠가 천억이 될 것이다. 그리고 마침내 기업이 본래의 가치에 다다랐을 때, 가지고 있던 주식을 매도해 이익을 얻는 것이다. 이것이 바로 벤저민 그레이엄이 주장한 '가치투자'

이다. 그레이엄은 이 이론의 선구자였다.

그는 역사상 처음으로 기업의 재무제표 등의 수치를 분석해 투자를 위한 근거를 만들어냈다. 철저한 분석을 통해 확실한 판단 기준을 가지고 투자했던 것이다. 지금이야 너무나 당연한 것처럼 여겨지지만, 당시 주식시장에서는 혁명적인 일이었다. 그의 연평균 수익률은 1929년부터 1956년까지 증시 폭락과 대공황을 겪으며 달성한 기록으로 약 17% 정도였다. 17%의 수익률이라고 하니 대단하게 생각하지 않을 수도 있겠지만, 대폭락의 시기를 포함한 수치라고 생각하면 어마어마한 수익이다. 워런 버핏 역시 초창기에는 벤저민 그레이엄의 방식에 맞춰 충실하게 투자를 한다. 그리고 상당한 수익을 올린다. 이 가치투자는 지금에 와서 조금 다르게 적용되기는 하지만, 그 기본원칙은 여전히 많은 투자자에게 영향을 주고 있다.

벤저민 그레이엄의 가치투자 개념은 그가 쓴 책《증권분석》을 통해 널리 퍼졌다. 이 책은 컬럼비아 대학원생을 위해 쓰였기에 일반인들이 읽기에 상당히 어렵다. 아니 전문가용이라고 쳐도 너무 어렵다. 그는 일반 투자자를 위해 좀더 쉬운 내용으로《현명한 투자자》를 썼다. 이 책을 워런 버핏이 열아홉 살에 읽고 주식투자에 새롭게 눈을 뜨게 된 것이다. 이 책들은 지금까지도 투자의 바이블로 자리매김하고 있다.

투자에 대한 철학을 세우기 위해서는 이런 고전들을 읽어야 한다. 그런데 투자를 하겠다고 마음먹은 사람들도 이런 책을 잘 읽지 않는다. 이런 책을 통해 주식투자의 철학과 원칙에 대해 내공을 기를 수 있는 건데 참 안타까운 일이 아닐 수 없다. 내 주변만 봐도 그렇다. 주식에 관심이 있는 사람들은 다들 오늘의 현황만을 이야기한다. 미국 증시가 올랐는지, 떨어졌는지, 그러면 한국 증시는 어떻게 되는지 눈앞의 이야기만 하는 것이다. 이런 정보들은 신문에 나오는 기사들과 같다. 오늘은 유효하지만 당장 내일 새로운 뉴스가 나오면 그 가치가 없어진다. 정말 지혜로운 사람이 되려면 투자의 고전을 읽어야 한다. 그래야 훌륭한 투자자로 성장할 수 있다.

하지만 투자의 고전을 읽으며 성장한다는 것은 결코 쉽지 않다. 대표적으로 2000년대에 벤저민 그레이엄과 워런 버핏을 읽는 문화가 우리나라에 유행한 적이 있다. 당시 가치투자에 흠뻑 빠진 사람들은 독서 모임까지 만들어가면서 열심히 투자의 고전을 읽었다. 하지만 대부분 투자에 성공하기는커녕 가치투자의 함정이라고 불리는 '밸류 트랩'에 갇혀 실패했다. 도대체 왜 그랬을까? 이유는 간단하다. 그들은 벤저민 그레이엄과 워런 버핏의 가치투자를 철저하게 초보자의 관점에서 읽고 실천했어야 했는데, 그러지 않았다. 그들은 책 속에 갇혀서, 세계 최고의 투자자들에게나 가능한 가치투자법을 자신들도 할 수 있다고 착각했던 것이다. 그 결과 그들은 뱁새가 황새 따라가다가 다리가 찢어지는 그런 운명에 처하게 되었다.

나는 유튜브 채널 '이지성TV' 멤버십 2단계 이상 회원들을 대상으로 벤저민 그레이엄을 강의할 때 이 점을 강조하고 또 강조했다. 책은 잘못 읽으면 독이 될 수 있고, 특히 투자 관련 책은 잘못 읽으면 패가망신할 수 있으니 더욱 조심해야 한다고 말이다.

워런 버핏은 "우리는 그레이엄이 심은 나무 밑에서 휴식을 취한다."라고 말한다. 버핏이 벤저민 그레이엄을 얼마나 높이 평가하는지, 그리고 그레이엄의 업적이 이후 증권가에 얼마나 많은 영향을 끼쳤는지를 단적으로 보여주는 말이 아닐까 싶다.

그 어떤 위기에도
솟아날 구멍은 있다

사람들은 투자할 때 무조건 돈을 벌 거라고만 생각한다. 그래서 섣불리 주식시장에 들어가지만, 대부분의 사람들은 주식시장에서 돈을 잃는다. 원칙과 철학 없이 투자한 경우 운이 좋아 몇 번은 수익을 낼 수 있을지 모르지만, 결과적으로는 그 수익을 지켜내지 못한다. 벤저민 그레이엄은 철저하게 안정적인 투자를 강조했다. 큰 실패 없이 자산을 지속적으로 늘려나가는 것이 투자에서 제일 중요하다는 것이다. 자산을 늘리는 것도 중요하지만 원금을 지키는 것, 어떠한 상황이 닥쳐도 자산을 크게 잃지 않는 것을 목표로 삼았다.

대공황에서 얻은 교훈

벤저민 그레이엄이 이렇게 안정적인 투자를 강조한 것은 그의 삶과 큰 관련이 있다. 그는 월 스트리트에서 정말 다양한 경험을 했다. 일반인이 평생에 한 번 겪을까 말까 한 충격적인 경험을 그는 여러 번 겪은 것이다. 주식이 갑자기 대폭락했던 유례없는 대공황과 1차, 2차 세계대전 등이 그것이다.

우리도 최근 코로나로 인해 팬데믹 사태를 겪었다. 생각보다 오랜 기간 우리는 발이 묶였다. 다른 나라로의 이동이 금지된 것은 물론 같은 나라 안에서도 일정 정도 숫자가 넘어가면 모여있지 못했다. 그뿐인가. 사람들은 모두 입과 코를 가린 채 지내야 했다. 마스크 없이는 버스를 탈 수도, 슈퍼마켓에도 들어갈 수 없었다. 이런 생활이 지속되면서 우리는 이제 사람들끼리 작은 공간에 마스크를 쓰지 않고 모일 수 있다는 것 자체를 상상하기 힘들게 되었다. 우리의 생활패턴을 뒤흔든 대단한 사건이었다. 이 일을 계기로 전염병에 대해 이전과는 비교도 할 수 없을 정도의 두려움을 갖게 되었다. 이런 일을 겪으며 우리의 사고는 변하였다. 코로나 이전의 생활로 다시는 돌아갈 수 없다. 이런 일은 100년에 한 번 올까 말까 한 일이다. 그런데 그레이엄은 이런 엄청난 경험을 한 번도 아닌, 자그마치 세 번이나 겪었다. 그것도 매번 예상치 못한 막대한 손실을 보면서 말이다.

벤저민 그레이엄이 투자의 천재이기는 했지만 이런 상황들을 반복적으로 겪으며 그는 주식시장에 대해 공포를 갖게 된다. 언제든지 똑같은 상황이 올 수도 있다고 생각한 것이다. 충분히 분석을 하고 투자를 했다고 생각했는데, 예상치 못한 일이 생겨 한 순간에 큰돈을 잃게 되니 얼마나 주식시장이 무서웠겠는가. 특히 그레이엄에게 큰 타격을 주었던 것은 1929년 대공황이었다. 이때 자산의 70% 정도를 잃게 된다. 그레이엄은 투자자들에 대한 죄책감 때문에 몹시 고통스러운 시간을 보낸다. 그는 이 시기 닥치는 대로 일을 하며 묵묵히 견딘다. 좌절하고 낙담하여 손을 놓고 있는 것이 아니라 최선을 다해 생계를 꾸려나간 것이다. 최대한 지출도 줄인다. 호화로운 집을 팔아 저렴한 주택으로 이사도 하고 외식도 가능한 한 하지 않았다. 이렇게 온몸으로 그 시간을 견딘 까닭에 이후 그의 삶은 더없이 신중해진다. 모든 투자에 극도로 조심스러운 태도를 취한 것이다. 그는 언제든지 1929년 대공황 상황이 재현될 수 있다는 긴장감을 잃지 않고 가장 안전한 방법으로 투자를 했다. 벤저민 그레이엄은 몇 번의 손실을 겪으면서 투자를 통해 큰돈을 버는 것도 중요하지만 그보다 원금을 잃지 않는 것이 중요하다는 것을 깨달았다.

미국은 앞으로 더 잘될 것이다

어떤 일은 충분히 예상이 가능한 반면, 어떤 일은 예기치 않게 일어난다. 나는 이지성TV를 통해 미국이 금리 인상을 본격화하는 시점에 주식이 뚝 떨어질 수 있다고 여러 차례 이야기했다. 코로나 사태로 시중에 많이 푼 돈을 거둬들여야 경제가 어느 정도 안정이 되기 때문이다. 금리를 올리면 주식시장에는 찬바람이 불 것이 분명했다. 그런 까닭에 주식시장이 한창 좋았던 2020~2021년, 즉 주식투자를 하지 않으면 바보 취급을 받던 그 시절에 나는 절대 빚을 내서 투자하지 말고, 달러 현금을 비축해 두면 좋을 것이라고 조언하곤 했다. 아마 그 말을 들은 분들은 지금과 같은 염가 세일 기간에 톡톡히 재미를 보고 있지 않을까 싶다.

하지만 러시아가 우크라이나를 침공하리라는 것까지 예상할 수는 없었다. 그야말로 청천벽력 같은 일이 아닐 수 없다. 금리 인상에 러시아의 우크라이나 침공, 코로나로 인한 긴 경기침체로 인해 금융시장은 그야말로 찬바람이 불다 못해 얼어버렸다. 주식 계좌의 파란불을 지켜보다 이제 눈을 질끈 감아버릴 지경이다. 대체 어디가 바닥인지 모르고 끝없이 추락하는 주식을 보며 다들 엄청난 실망과 절망에 빠져있을 것이다.

자, 그럼 이제 우리는 이 시기를 어떻게 견뎌야 할까? 그레이엄에게서 그 해답을 찾을 수 있다. 벤저민 그레이엄은 우리에게 마음 관리에 대해 반복적으로 이야기하고 있다. 주식차트는 언제나 움직인다. 아무 일이 없는데도 오르내리기를 계속한다. 사소한 악재에 크게 추락하고 작은 호재에 하늘 높이 치솟기도 한다. 어떤 경향을 예측할 수는 있을지언정 정확한 주가를 예상하는 것은 불가능하다. 예측이 가능했다면 그레이엄 같은 천재가 그런 엄청난 손실을 보는 일도 없었을 것이다. 벤저민 그레이엄은 끝까지 주식시장에 남아있었다. 그는 왜 그렇게 뼈아픈 실패를 거듭하면서도 주식시장에 남아있었을까? 그는 주식 중독자였을까?

벤저민 그레이엄은 자유시장 경제, 자본주의 국가 미국이라는 기업을 믿었다. 미국은 앞으로 더 잘될 거라는 것을 믿어 의심치 않은 것이다. 그 믿음과 기다림이 벤저민 그레이엄을 재기하게 했고, 편안한 노후를 맞이하게 했으며, 주식투자에서 세계적으로 이름을 날린 제자들을 길러낼 수 있게 한 것이다.

얼마 전 유튜브에서 영화 '원더우먼 1984'를 봤다. 이 영화에서 원더우먼은 소원을 들어주는 유물을 손에 쥐고 2차 세계대전 때 세상을 떠난 연인을 불러낸다. 이 연인은 1940년대 사람인데, 40년이 지난 1980년대 미국에 환생해 그사이 눈부시게 발달하고 성장한 미국 사회에 깜짝 놀란다. 나는 영화를 보며 투자에 대한 생각을 잠깐 했다. 원더우먼의 연인이 참전하기 전에 주식을 사놨더라면 어떻게 되었을까? 분명 40년이 지난 후 엄청난 돈을 벌었을 것이다. 웃긴 상상이긴 하지만 영화에 그런 부분도 들어갔다면 재밌었을 것 같았다. 또 하나, 1984년에 나는 초등학생이었다. 그때 우리 아버지가 주식에 눈을 떠 우량기업의 주식을 묻어놨다면 지금 얼마나 큰 부자가 되었을까? 내가 하고 싶은 이야기는 과거에 대한 후회가 아니다. 앞으로가 더 중요하다. 먼 훗날, '그때 내가 왜 주식을 사지 않았을까?'라는 후회는 하지 말자는 것이다.

우리도 그레이엄과 같은 믿음을 가져야 한다. 자본주의는 시간이 지나면 더 발전할 것이다. 과거의 역사가 우리에게 그것을 말해주고 있다. 끝나지 않을 것 같은 불황도 언젠가는 끝이 있다. 경기가 어려울수록 그레이엄이 우리에게 남긴, 부자의 사고방식을 곱씹을 필요가 있다.

PART 2

문제는 '부'가 아니라 '사고방식'이다

꽁초투자에서 가치투자까지,
그레이엄은 어떻게 부를 공부했을까

가난한 삶 속에서도 빛나는 꿈을 키우다

가치투자의 아버지 벤저민 그레이엄은 과연 어떤 삶을 살았을까? 그가 어떤 인생을 살았는지, 그의 삶에 어떤 일들이 일어났는지 살펴본다면 그가 왜 그렇게 '철저하게 안전한 투자' '실패하지 않는 투자'를 강조했는지 더 깊이 이해할 수 있으리라 생각한다.

벤저민 그레이엄은 1894년 런던에서 태어났다. 아버지와 할아버지는 오스트리아와 독일로부터 도자기와 장식품을 수입해 버밍엄에서 판매하는 일을 했다. 일종의 무역업이었던 셈인데 돈을 아주 잘 벌었다. 그 덕분에 그레이엄은 굉장히 유복한 어린 시절을 보낸다. 사업은 점점 잘되어 미국 지사를 설립하기에 이른다. 그레이엄 가족은 할아버지는 영국에 남아 본사를 관리하고 아버지가 미국으로 가서 시장을 개척하기로 결정했다. 1895년, 그레이엄이 한 살이었을 때 다섯 식구가 배를 타고 뉴욕으로 이주하게 된다. 당시 이렇게 먼 곳까지 배를 타고 가는 것은 보통 일이 아니었다. 목숨을 걸어야 할 만큼 도전적인 일이었다. 그만큼 벤저민 그레이엄의 아버지는 사업에 열정적이었다. 반면 할아버지와 남은 가족들은 사업에 그다지 힘을 쏟지 않았다. 그레이엄의 아버지가 미국으로 떠난 후, 영국 본사는 망하기 일보 직전에 이르렀다. 기울어가는 사업을 어떻게든 일으키기 위해 그레이엄의 아버지는 홀로 고되게 일을 하다가 병을 얻게 된다. 결국 벤저민 그레이엄이 열 살이 되었을 때 아버지는 돌아가신다.

그레이엄의 삶은 아버지의 죽음을 기점으로 급격하게 어려운 상황에 처하게 된다. 그레이엄의 아버지는 자기 가족뿐 아니라 영국에 있는 친척들의 생계까지 책임질 만큼 능력이 있는 사람이었다. 그런 아버지가 세상을 떠난 후, 남은 사람들은 이 사업체를 제대로 운영할 능력이 없었다. 결국 망하고 말았다. 당시 벤저민 그레이엄은 어린 나이였지만 앞으로 자기 앞에 펼쳐질 인생을 예감한다. 모든 것이 달라질 거라고 말이다.

부에 대해 공부해야 하는 이유

아버지가 돌아가시면서 그레이엄의 집안은 몰락해갔다. 더 나빠지지 않으려고 발버둥을 치지만 벗어날 수가 없었다. 이후 길고도 고통스러운 세월이 시작된다. 남은 가족들은 어떻게든 사업을 유지하고 생계를 꾸리기 위해 여러 가지 노력을 기울였다. 그레이엄의 어머니는 생계를 위해 하숙을 치기도 했다. 하지만 오랫동안 지속하지는 못했다. 아버지가 돌아가시면서 남겨준 다양한 종류의 사업상 유산과 수천 달러의 생명보험금이 있긴 했다. 그 돈을 유지만 잘 했어도 좋았을 텐데 어머니는 부에 대한 지식이 없고 투자 능력도 없는 사람이었다. 어머니는 조급한 마음에 얼마 남지 않은 재산을 주식에 투자한다. 1907년 폭락장에 뛰어든 것이다. 그때 US 스틸이 파산했는데, 하필 그레이엄의 어머니가 여기에 모든 재산을 쏟아부은 것이다. 그로 인해 그레이엄 가족은 그나마 가지고 있던 재산마저 모두 잃게 된다. 창고에 쌓여있던 수많은 도자기와 장식품들, 집 안 곳곳에 즐비하던 고급 가구와 보석들이 몇 년 만에 모조리 사라지게 되었다. 나름대로 많은 유산을 받았지만 완벽하게 망하는 데는 오래 걸리지 않았다.

어찌하여 모든 불행이 꼬리에 꼬리를 물고 연이어 찾아오는가? 거기에는 분명 이유가 있다. 그레이엄의 아버지는 부와 성공을 믿었던 사람이었다. 확신도 있었고 추진력도 있었다. 그런데 어머니는 그렇지 않았다. 인격은 훌륭했을지 모르지만, 부에 대한 관심이 없었다. 이전까지는 무심했다 하더라도 남편이 세상을 떠난 후부터는 적극적으로 사업을 관리해야 했는데, 그 사업을 무능한 친척에게 맡겨두고 아무것도 하지 않았다. 우리는 기본적으로 부에 대해 공부를 해야 한다. 학교에서 이런 부분을 가르쳐주지는 않으니 스스로 공부를 하고 자녀들에게도 가르쳐야 한다. 만일 그렇지 않은 상태에서 가장이 세상을 떠나거나 하면, 남겨진 사람들은 몇 년 안 되어 빈곤층으로 전락하고 만다. 그레이엄 가족이 그랬듯이 말이다.

자녀들에게 세상에 공짜는 없다는 것도 가르쳐야 한다. 용돈도 함부로 줘서는 안 되고, 아이들이 뭔가 가지고 싶은 게 있다면 본인의 용돈으로 사게 해야 한다. 그리고 말을 알아들을 나이가 되면 아이에게 투자에 대해 가르쳐야 한다. 여자들 역시 반드시 투자에 대해 공부해야 한다. 자본주의 사회에서는 주식과 부동산에 끝없이 투자해야 한다.

코카콜라 가격이 전 세계적으로 올랐다고 치자. 여기에 영향을 받는 두 부류가 있다. 코카콜라 주식을 가진 소수의 사람은 가치가 올라가 더 부자가 되고, 코카콜라를 물먹듯이 마시는 사람은 똑같은 콜라를 사기 위해 더 많은 돈을 지불해야 한다. 그리고 이 두 집단 사이의 간격은 앞으로 더 획기적으로 벌어질 것이다. 우리는 여기에서 다시 한번 생각해봐야 한다. 평생 내가 콜라를 마시면서 코카콜라 주주들에게 더 많은 돈을 주는 존재가 되고 우리 자식들에게도 그걸 가르칠 것인가, 아니면 콜라를 마시며 즐거움도 누리고 배당금도 받고 주식이 상승하는 기쁨도 누리는 삶을 가르칠 것인가. 부자가 되기 위해서는 이러한 부의 사고방식을 빠르게 받아들이고 공부해야 한다.

우리의 생각이 우리의 미래이다

그레이엄의 어머니는 부에 대해 공부를 하지 않았을 뿐 아니라 남편의 죽음으로 생계에 곤란을 겪게 되었을 때도 몸을 던져 일하지 않았다. 아이들에게 '우리는 이제 다 끝났다. 앞으로 우리는 더욱 가난해질 것이다.'라는 이야기만 계속 반복했다. 인생은 우리가 생각하고 말하는 대로 흘러가게 되어있다. 어떤 사람의 말과 사고방식은 그 사람의 인생의 틀을 형성한다. 벤저민 그레이엄의 어머니는 아마 이런 것까지 알 수 없었을 것이다. 한편으로는, 젊은 나이에 남편이 갑자기 세상을 떠나니 얼마나 막막했을지 이해가 가기도 한다. 하지만 안타깝게도 그녀가 가난을 벗어나지 못할 거라고 반복적으로 되뇌기 시작했을 때 그 집안에서 부의 기운은 사라졌다. 나는 벤저민 그레이엄의 이야기를 접하면서 나의 아버지가 떠올랐다. 아버지가 부에 대한 성공과 믿음의 끈을 어느 순간 내려놓으면서 나름 잘살던 우리 집 역시 갑자기 몰락했기 때문이다. 한 가정이 몰락하는 데는 그리 오랜 시간이 걸리지 않는다는 것을 온몸으로 배웠다. 그렇다고 돈에 대해 어렵게 생각할 필요는 없다. 당신의 마음이 부를 만든다. 마음을 부에 대한 것으로 가득 채우면 자연스럽게 부자가 되어있는 자신을 발견할 것이다. 부에 대한 관심이 커질수록 부자가 될 수 있다. 그 이유를 알고 싶은가?

어느 날, 당신은 자전거를 사야겠다는 마음을 먹는다. 처음에는 어떤 자전거를 사면 좋을지 감이 오지 않는다. 하지만 그때부터 당신의 눈에는 온통 자전거만 보인다. 어린아이들이 타는 자전거, 성인이 타는 자전거, 바구니가 달린 자전거 등등 이전에는 보이지 않던 것들이 눈에 띄기 시작한다. 사람들이 자전거 타는 모습을 살펴보며 바퀴 사이즈는 어느 정도인지, 안장 높이는 어느 정도가 적당한가를 생각해보게 된다. 틈날 때마다 인터넷 쇼

핑몰에서 검색도 해본다. 어느 정도 가격대의 자전거가 합리적인지 찾아보고 따져보고 비교해보게 된다. 어느덧 당신은 자전거 뒤꽁무니만 봐도 브랜드를 알아맞힐 수 있는 수준에 이른다. 오랜 고민 끝에 마음에 드는 자전거를 한 대 사서 집에 들여놓게 된다. 그 이후 당신의 삶은 어떻게 흘러가는가? 밤낮으로 자전거를 타다가 어느덧 자전거 동호회에 가입해있고, 수입의 상당 부분을 헐어 새로운 장비를 구매한다. 이제 당신 인생의 많은 부분이 자전거로 가득 차게 된다. 그리고 자신도 모르는 사이에 자전거 박사가 되어있다. 그냥 자연스럽게 당신은 그렇게 되어있는 것이다.

부자가 되는 것도 마찬가지이다. 자전기에 마음을 쏟다 보면 저절로 자전거 박사가 되듯이 부에 대해 관심을 기울이고 마음을 쏟으면 저절로 부자가 된다. 부자가 되겠다는 마음을 먹지 않은 사람이 부자가 될 수는 없다. 애초에 바라지도 않은 일이 어떻게 이루어지겠는가. 막연한 바람만 가지고 있는 사람도 부자가 될 수 없다. 원하는 것을 이루기 위해서는 그것을 구체적으로 상상하고 행동해야 한다. 그런 까닭에 나는 강의할 때 이런 말을 자주 한다. '부의 사고방식을 가져라. 머릿속에 부의 이미지를 집어넣어라. 부자가 된다고 믿어라. 입으로 나는 부자가 된다고 말하라. 글로도 써라.'라고 말이다. 나의 사고방식이 내가 앞으로 어떤 삶을 살지, 부자의 삶을 살지 가난한 삶을 살지 결정하기 때문에 일단 나의 무의식을 먼저 청소해야 한다. 그리고 무의식을 부자의 사고방식으로 가득 채워야 한다. 무의식이 바뀌지 않는 한 내 사고가 바뀌는 것은 쉽지 않기 때문이다.

다시 벤저민 그레이엄의 유년시절로 돌아오자. 어머니의 마음속에 가난의 사고방식이 가득 차면서 요리사와 가정부를 두고 안락하게 살던 부유한 가정이 일순간에 무너지게 된다. 그레이엄 가족은 친척 집에 얹혀살며 한 달에 75달러로 생계를 꾸려가게 되었다. 그런데 이 집안에 한 줄기 희망이 생긴다. 아버지가 돌아가신 지 5년쯤 되었을 때, 어머니는 어떤 남자의 열렬한 구애를 받게 된다. 어머니가 그 남자와 저녁 시간을 같이 보내고 돌아올 때면 값비싼 초콜릿 상자를 들고 왔는데, 그때 10대였던 벤저민 그레이엄은 이제 가난을 탈피할 수 있을 거라고 본능적으로 느끼게 된다. 그 시기를 회상하며 벤저민 그레이엄은 부끄럽지만 무척 기뻤다고 이야기한다. 그레이엄은 참 솔직한 사람이었다. 아버지가 돌아가시고 어머니가 다른 남자의 청혼을 받게 된다면 보통 상처받고 괴로워하기 마련이다. 하지만 그레이엄은 가난이 너무 고통스러웠던 나머지, 부자 아버지가 새로 생긴다는 것에 안도의 마음을 가지게 된 것이다. 그레이엄뿐 아니라 다른 형제들도 모두 기뻐했다. 참으로 씁쓸한 대목이 아닐 수 없지만, 우리는 이 부분을 절대 비난할 수 없다. 인간이 어떠한 고통의 극한에 다다르면 당연히 가져야 하는 염치나 신념 같은 것들은 희미해지기 마련이다. 당장 눈앞의 위기를 모면할 수 있는 일이라면 그 어떤 것이라도 눈을 질끈 감고 받아들이게 된다. 그런 의미에서 우리는 경제적으로 어려움에 처하지 않도록 노력해야 한다. 인간의 존엄함을 지키며 살기 위해서 말이다. 다행인지 불행인지 그레이엄의 어머니는 그 남자와 결혼을 하지 않았다. 그를 사랑하지 않았기에 결혼할 수가 없었다. 그레이엄은 그 이야기를 듣고 몹시 실망했다고 한다.

숫자와 친해지면 부자가 된다

집안 형편은 어려웠지만 벤저민 그레이엄의 학창시절은 남달랐다. 다른 친구들이 좋은 대학에 가서 좋은 직장을 잡아 돈을 벌기 위해 억지로 공부를 했다면, 벤저민 그레이엄은 공부 자체를 즐겼다. 모르는 것을 알아가는 과정을 매우 좋아했고 새로운 지식을 접하게 되면 몹시 설렜다. 내 주변의 부자들을 보면 다들 벤저민 그레이엄과 비슷한 측면을 가지고 있는 듯하다. 자신이 잘 모르는 분야에 대해 배우는 것을 대단히 기쁘게 생각한다. 학창시절에 하는 공부와는 또 다른 차원에서 사회에 나와서도 쉬지 않고 계속 배우려고 노력한다. 독서를 정말 사랑하는 것은 물론이다. 수백억 대의 부자들 중 인생을 엉망진창으로 사는 사람들도 분명 있다. 이들은 좋은 부모를 만났거나 혹은 한때 운이 좋아 부자가 될 수 있었지만 결국 오랫동안 그 부를 지키지 못한다. 오랫동안 자신의 부를 유지하고 더 발전하는 사람들은 생활 습관과 사고방식이 건전한 부자들이다. 그들은 현재를 즐기기보다 미래를 위해 끊임없이 노력한다. 하루의 업무가 끝나면 바로 집에 가지 않고 어떤 세미나에 참석하거나 혹은 강의를 들으러 간다. 그리고 누군가 새로운 사업을 구상하고 있다면, 그 사람을 만나 깊이 배우려고 한다. 자신보다 더 부자에게 밥을 사는 것도 아까워하지 않는다. 그들로부터 밥값과는 비교도 안 될 만큼 귀중한 지식을 얻게 되니까 말이다. 부는 지식에서 오는 것이다. 아는 것이 없으면 진짜 부자가 되기 어렵다. 법과 세금을 알아야 하고 어떤 분야에 자문을 구할 수 있는 전문가도 알고 있어야 한다. 이런 것들을 아느냐, 모르냐에 따라 내 자산가치가 달라질 수 있다. 이러한 지식을 얻기 위해서 돈과 시간을 쓰는 것을 아까워해서는 안 된다. 벤저민 그레이엄이 큰 부자가 되고, 시대를 초월한 전 세계 부자들의 멘토, 투자자들의 멘토가 될 수 있었던 비결은 이렇게 어릴 때부터 새로운 지식을 접하는 것을 몹시 설레어 하고 기뻐했던 태도에서 비롯되지 않았나 싶다.

그레이엄은 모든 방면에서 우수했지만, 특히 수학적으로 뛰어났다. 수학 실력이 뛰어난 덕에 학창시절 용돈을 벌기도 했다. 자기보다 한 학년 위인 체스터 브라운이라는 학생이 있었는데, 그 아이의 엄마가 그레이엄에게 과외를 부탁한 것이다. 그레이엄은 수학 과외를 해서 주당 50센트를 받게 되었다. 그가 훗날 주식 투자에서 큰돈을 만지게 된 데에도 수학적 재능이 큰 몫을 차지했다. 워런 버핏을 포함, 세계적인 투자자들은 대부분 수학을 전공했거나 수학적으로 뛰어난 재능을 갖고 있기 때문이다. 물론 유럽의 워런 버핏으로 불리는 앙드레 코스톨라니Andre Kostolany는 '수학적 지식을 가지고는 증권시장에서 절대 이득을 볼 수 없다. 수학적 계산으로는 증권시장의 전망을 미리 말할 수 없다.'라고 말했다. 수학이 주식투자에서 중요한 부분이 아니라는 것이다. 하지만 기본적인 투자 철학이나 복리의 마법, 기업에 대한 이해는 수학적 바탕 없이는 쉽지 않다. 그렇다고 이제 와서 우리가 새삼스럽게 수학을 뜨겁게 사랑하기란 쉽지 않다. 학창시절에 수학에 흥미를 느꼈던 사람들이라 하더라도 졸업을 하고 직장 생활에 쫓기다 보면 복잡한 숫자를 들여다보는 일은 사양하고 싶어진다. 그렇다면 학창시절에 수학이라면 눈을 질끈 감았던 사람들은 숫자와 관련된 것은 더더욱 쳐다보고 싶지도 않을 것이다. 하지만 그럼에도 우리는 숫자에 대해 익숙해지려고 노력해야 한다. 재무제표나 회계, 이런 것들은 모두 숫자와 관련이 있다. 정말 피곤하고 생각만 해도 골치가 아프다. 하지만 대부분의 사람들이 피곤하고 골치가 아파 생각하고 싶어 하지 않는 것, 그런 것들과 익숙해져야 차별화된 능력이 생긴다. 나 역시 수학을 참 싫어한다. 그냥 친하지 않은 정도를 넘어 수학 공식 같은 것을 보면 화가 치밀어 오르는 편이다. 그런 까닭에 이전에는 부동산이나 주식에 대한 관심이 크게 없었다. 숫자가 잔뜩 나열된 종이를 보는 것만으로 엄청난 스트레스를 받았다. 그러다 어느 날 이런 것들과 친해지지 않으면 부자가 되기 힘들겠구나, 깨달았다. 그래서 이후부터는 숫자에 익숙해지려고 의도적으로 노력했다.

주식투자를 하기 위해 워런 버핏이나 벤저민 그레이엄처럼 수학을 공부하라는 것이 아니다. 그건 이제 와서 노력한다고 되는 일도 아닐 것이다. 기본적인 재무제표를 보는 것이나 1억에 대한 이자가 7%라면 매달 얼마의 비용이 발생하는지 이 정도는 어렵지 않게 계산할 수 있도록 훈련을 해야 한다는 것이다.

위대한 투자자를 만든 위대한 독서

그레이엄은 또래 친구들과 밖에서 노는 것보다 책 읽는 것을 더 좋아했다. 놀랄 만큼 많은 양의 책을 읽었는데 주로 도서관에서 호레이쇼 알저Horatio Alger, 올리버 옵틱Oliver Optic 등의 책은 물론이고 찰스 디킨스Charles Dickens가 쓴 소설들도 빌려 읽었다고 한다. 10대에 이미 도서관에서 인문고전들을 접했던 것이다. 그레이엄은 고등학교 때 지기 영혼의 친구를 발견했다고 하는데, 바로 로마의 시인 베르길리우스Vergilius이다. 베르길리우스는 로마의 건국신화를 담은 《아이네이스Aeneis》를 쓴 작가이다. 이 위대한 고전에 대해서는 강의나 책에서 여러 차례 언급한 바 있다. 대표적으로 페이스북의 창시자인 마크 저커버그Mark Zuckerberg 역시 이 책을 읽고 크게 감명받아 인터넷 안에 페이스북이라는 제국을 건설했다. 그레이엄은 훗날 이 시절의 독서가 본인에게 상당히 큰 영향을 끼쳤다고 밝혔다. 독서가 삶의 일부이자 지적 도구, 그리고 미래를 열어주는 창이 된 것이다.

인문학 독서의 중요성에 대해서는 여기서 길게 이야기할 필요는 없을듯하다. 여러분들도 이미 이 부분에 대해서는 잘 알고 있을 테니까 말이다. 워런 버핏도 소문난 독서광이라는 이야기는 앞서 서술한 바 있다. 동네 도서관의 책을 모두 다 읽었을 정도였다고 하니, 거의 하루 종일 손에서 책을 놓지 않고 살았을 것이다. 버핏은 '매일 500페이지씩 책을 읽으면 지식이 복리처럼 불어난다.'는 멋진 말을 남기기도 했다. 워런 버핏이《위대한 기업에 투자하라Commom Stocks and Uncommon Profits》라는 책을 읽고 감명을 받아 캘리포니아까지 찾아가 만났다는 유명한 투자자 필립 피셔 역시 둘째가라면 서러워할 독서광이었다. 필립 피셔는 통근 버스 안에서 늘 책이나 신문을 읽었음은 물론, 퇴근 후 잠자리에 들 때까지 계속 책을 읽었다고 한다. 앙드레 코스톨라니는 특히 역사책에 깊은 관심을 가졌다. 부가 어떻게 이루어지는지, 시대의 흐름에 따라 국가나 개인이 어떻게 변해가는지, 큰 사건이 벌어진 이후에는 사람들의 태도가 어떻게 달라지는지 역사를 통해 현재의 흐름을 읽어내려고 한 것이다. 이처럼 위대한 투자자들은 독서에 열광했음은 물론 지식에 대해 항상 열린 태도를 지니고 있었다.

벤저민 그레이엄은 이외에도 다방면에 걸쳐 호기심도 많고 재

주도 많았다. 열다섯 살에는 발명에 도전하기도 한다. 벨을 누르면 문이 자동으로 열리는 장치였다. 누군가 벨을 누를 때마다 읽던 책을 멈추고 현관문을 여는 버튼을 따로 눌러야 하는 번거로움에서 벗어나기 위해서였다. 그레이엄은 그 발명을 통해 엄청난 로열티를 받을 꿈에 부풀기도 했다. 하지만 공학적인 문제로 그 발명은 실패로 돌아갔다. 특별한 성과를 거두지는 못했지만, 그 도전 정신만큼은 훗날 그가 새로운 분야를 탐구하는 데 큰 밑거름이 되었을 듯하다.

그레이엄이 열여섯 살일 때, 그는 방학 동안 인근 농장에서 인부로 일하기도 했다. 이 일은 고등학교 수학 선생님인 웨버가 주선해준 일자리였다. 웨버 선생님은 도시 젊은이들이 훗날 성공을 하기 위해서는 시골에서 건전한 인생 훈련과 고된 노동을 경험해야 한다고 생각했다. 그레이엄은 월 10달러에 숙박을 제공받는 조건으로 농장에서 여름을 보내기로 한다. 농장으로 가던 길에 벌어진 에피소드가 하나 있다. 그는 역무원의 착각으로 눈앞에서 농장으로 가는 기차를 놓치게 된다. 할 수 없이 다음 날 새벽 열차를 탈 수밖에 없었다. 그레이엄은 집에 돌아가서 하루 자고 올까 생각하다가 왠지 이런 상황을 식구들이 알게 되는 게 싫어서 대합실에서 시간을 보내기로 한다. 새벽이 되니 대합실 전등이 모두 꺼지면서 혼자 컴컴한 어둠 속에 남게 된다. 그레이엄은 당황했지만 침착하게 어두운 기차 대합실을 뒤져 구석에 겨우 켜져있는 단 하나의 전등을 찾아낸다. 그리고 그 아래에서 졸음을 참아가며 프란시스 베이컨Francis Bacon의 《학문의 진보The Advancement of Learning》라는 책을 읽으며 긴긴밤을 보낸다. 정말 멋지지 않은가! 작은 불빛을 찾아내어 홀로 책을 읽는 어린 학생의 미래가 더없이 밝으리라는 건 누구라도 예상할 수 있다. 그레이엄은 농장에서도 독서를 게을리하지 않았다. 오전 5시 30분에 일어나 낮에는 일하고 저녁을 먹고 나면 램프를 들고 방으로 올라가 혼자 책을 읽었다.

꿈꾸고 그 길을 향해 달려가면 미래는 달라진다

그렇게 총명하고 열심히 살던 그레이엄에게 좌절의 시간이 다가온다. 대학 입학을 앞두고 뉴욕 전체 공립고등학교 졸업생들 가운데 20명을 선발해서 주는 퓰리처재단 장학금을 신청했는데, 선발되지 못한 것이었다. 장학생 선발을 위한 시험에서 7등을 했으니 당연히 20명 안에 들 거라고 생각했는데 어떻게 된 일인지 퓰리처재단 사람들과 인터뷰를 마친 후 발표된 최종 명단에는 이름이 빠져있었다. 그레이엄은 크게 낙담했다. 원하던 컬럼비아 대학교에 갈 수가 없게 된 것이다. 그 대신 학비가 무료였던 뉴욕 시립대에 진학하게 된다. 이곳은 여러모로 그의 성에 차지 않는 학교였다. 당시 뉴욕 시립대에는 가난한 유대인들이나 저소득층 학생들이 대부분이었다. 100년 전 뉴욕의 유대인들은 몹시 가난했다. 지금은 완전히 다르다. 뉴욕 핵심 부동산의 80%를 유대인이 가지고 있다. 이 가난했던 유대인들이 부를 꿈꾸고, 그 길을 위해 달려간 결과 100년이 지난 지금 전 세계에서 가장 부자가 되었다. 부의 사고방식이 100년 동안 쌓여 이런 결과를 만들어낸 것이다. 열심히 부를 위해 달려가 부자가 되고, 그 후손들은 전 세계에서 최고 부자가 되었다. 지금 내가 가난하다고 지레 포기해서는 안 된다. 부의 사고방식으로 하루라도 빨리 전환해야 한다. 앞서 말했던 것처럼 사고방식을 전환하면 세상을 보는 관점이 달라지고, 관점의 전환은 우리를 상상하지도 못한 세계로 이끌어준다.

그레이엄은 뉴욕 시립대에 만족하지 못했다. 원했던 하버드나 컬럼비아 대학교에 가지 못했다는 것과 함께 주변에 자기와 비슷한 처지의 가난한 친구들만 있으니 너무 싫었던 것이다. 그러다 어느 날 사물함을 잠그지 않아 두 권의 책을 잃어버리는 일이 발생한다. 사물함을 잠그지 않은 것은 명백히 자기의 잘못이니 책값을 물어주어야 했는데, 이 일로 그레이엄은 아예 의욕을 상실해버린다. 돈을 융통하기 어려운 상황에서 이런 일이 생기니 극단적인 결정을 하게 된다. 대학을 중퇴해버린 것이다. 학교를 그만둔 그레이엄은 일자리를 찾아나섰다.

'부자가 되고 싶다.'고 말하라

그레이엄이 뉴욕 시립대를 그만두고 첫 번째로 구한 일은 전기초인종의 버튼을 조립하는 것이었다. 아침 7시부터 오후 5시 반까지 일을 했다. 단순하게 반복되는 이 작업은 그레이엄을 미치게 했다. 결국 견디지 못하고 2주 만에 다시 새로운 일을 찾아 나선다. 이번에는 뉴욕 시내에서 좀 떨어진 곳에 있는 전화설비 회사에 들어가게 된다. 이 전화설비 회사에 들어가서 그레이엄은 주어진 일만 하지 않는다. 이미 부의 사고방식을 마음속 깊이 간직하고 있었던 그는 자신이 할 수 있는 최선을 다했다. 시키지도 않았는데 전화 시스템 설치에 사용되는 설계도를 다 공부해버린 것이다. 이러한 태도를 가진 사람이라면 주식투자가 아니라 그 어떤 분야에서든 최고가 되지 않았을까.

전설적인 트레이더, 래리 하이트Larry Hite는 어린 시절부터 부자가 되기를 꿈꾸었다. 그의 책 《부의 원칙The Rule》을 보면 어린 시절 래리 하이트는 다른 친구들이 자라서 의사나 소방관, 교사가 되고 싶다고 할 때 '이모부처럼 부자가 되고 싶어요.'라고 말하는 아이였다. 물론 어릴 때라 부자에 대해 명확한 개념이 있었던 것은 아니다. 단지 그의 이모부가 큰 저택에 살았기에 그것이 부러워서 그렇게 말한 것이다. 대학을 졸업할 무렵에도 래리 하이트는 똑같은 질문을 받았는데, 그때도 그는 부자가 되고 싶다고 답한다. 그는 부자가 된다는 것을 자유롭게 된다는 것으로 인식했다. 즉, 돈이 있다면 원하는 것을 모두 할 수 있다고 생각했던 것이다. 래리 하이트는 자신이 다른 사람들보다 훨씬 더 많이 성공한 것은 일찌감치 부자가 되고 싶다는 마음을 먹고 그 길을 추구했기 때문이라고 회상한다.

목표를 세우는 일은 중요하다. 자신이 어떤 삶을 원하는지 알아야 모든 선택의 순간에 당황하지 않고 목표를 향해 한 걸음씩 나아갈 수 있기 때문이다. 그레이엄 역시 마찬가지이다. 부자가 되겠다는 굳은 마음가짐이 그의 생활방식의 기둥이 된 것이다. 그 덕에 무슨 일을 하든 대충하지 않았다. 자신이 할 수 있는 한 모든 것을 다 해냈다. 그는 그리 오랜 시간이 지나지 않아 전기회사의 일개 아르바이트생에서 모든 업무에 통달한 사람이 된다. 준비된 자에게는 기회가 오기 마련이다. 어느 날, 전화 계약자가 다급하게 전화를 걸어온다. 시스템을 이해하지 못해 설명을 해달라고 요청한 것이다. 이때 그레이엄은 설계도 사본을 보면서 알기 쉽게 설명을 해준다. 정말 훌륭한 아르바이트생이 아닐 수 없다. 나중에 이 사실을 사장이 알게 되고 그레이엄은 이 회사에서 높은 평가를 받게 된다.

주어진 자리를 잘 지키며 투자를 배워라

그레이엄은 회사에 잘 적응해서 다니긴 했지만, 배움에 대한 갈망은 여전히 그를 강렬하게 자극했다. 그러던 차에 학교에 계속 다녔으면 좋겠다는 어머니의 뜻에 따라 다시 컬럼비아 대학교에 도전한다. 다만 장학금을 받아야 학교에 다닐 수 있는 상황이어서 학교에 편지를 보내 장학금을 줄 수 있는지 물어본다. 그런데 컬럼비아 대학교 학장이 만나자고 연락을 해왔다. 장학금 신청을 했는데 학장이 만나자고 해, 뭔가 이상했지만 일단 학장을 만나러 간다. 거기서 놀라운 소식을 전해 듣는다. 원래 그레이엄은 이전에 신청했던 퓰리처 장학금 대상자였으나, 담당자의 실수로 장학금을 받지 못하게 된 것이었다. 사무처에서 그레이엄의 이름을 그의 사촌 형과 헷갈려 이미 장학금을 받은 명단으로 분류한 것이다. 학장은 사과의 말을 전하며 컬럼비아 대학교의 총동창회 장학금을 제안한다. 그건 굉장한 일이었다. 총동창회 장학금은 그레이엄이 그토록 원했던 퓰리처 장학금보다 지원액수가 더 많았던 것이다. 그레이엄은 기쁜 마음으로 다시 컬럼비아 대학교에 입학하게 된다. 애초에 계획했던 것보다 1년 늦게 대학에 입학하게 되었지만, 주어진 상황에 감사했다. 그리고 그는 이렇게 된 이상 열심히 공부해서 정규과정보다 더 빨리 졸업하겠다고 결심했다.

벤저민 그레이엄은 학교를 그만두고 돈을 벌기 위해 일을 했고 회사에서 인정도 받았지만 오래지 않아 다시 학교로 돌아왔다. 나는 이 지점이 시사하는 바가 크다고 생각한다. 아무리 돈을 버는 능력이 뛰어나도 정상적인 학업과정을 마치는 것은 중요하다. 아이들에게 공부보다 중요한 것은 부자가 되는 거야, 하루라도 빨리 투자에 대해 눈을 떠야 해, 이렇게 가르치는 것은 대단히 위험하다. 우리는 아이들에게 주어진 자리에서 열심히 공부하고 직업을 갖고 그러면서 투자의 삶을 살도록 가르쳐야 한다. 전문적인 투자자가 되든, 다른 직업을 갖고 있으면서 투자를 병행하든 기본적으로 대학을 졸업한 이후에 선택하면 되는 것이다.

앞서 말했듯 그레이엄은 수학 과목에서 뛰어난 재능을 가지고 있었기에 대학에서도 수학을 전공하게 되었다. 자연스럽게 수학 관련 과목을 많이 수강하게 되었으나 그레이엄이 꼽는 학업 생활 중 하이라이트는 역사·철학 세미나 시간이었다. 이 세미나 시간에 소그룹의 학생들이 2주에 한 번씩 모여 유명한 역사가의 지도 아래 이런저런 주제를 놓고 토론하곤 했다. 정말 공부다운 공부를 했던 시간이다. 오히려 그때는 경제학에 대해서 그다지 흥미를 갖지 않았다고 한다.

뛰어난 재능과 성실함을 모두 지녔던 청년 그레이엄은 2년 반 만에 컬럼비아 대학교를 졸업하게 된다. 입학이 유예되어 1년 늦게 대학에 오긴 했지만, 그 시간을 다 벌고도 남을 만큼 빠른 졸업이었다. 그리고 20대 초반의 나이에 놀라운 제의를 받게 된다. 철학과 학과장이 교수가 되어달라고 한 것이다. 그레이엄은 깜짝 놀랐고, 자신의 능력을 인정받은 것에 대해 크게 기뻐했다. 그런데 수학과, 영문학과 교수들도 그에게 교수 자리를 제안해 왔다. 그레이엄이 다방면에서 얼마나 뛰어난 학생이었는지 알 수 있는 대목이다. 그레이엄은 정말 화려하게 대학생활을 마감했다. 그러나 대학에 남지는 않았다. 더 큰 세상을 보기 위해 이 모든 제의를 거절하고 월 스트리트로 간다.

투자로 성공하기 위해서는 몇 배의 노력이 필요하다

벤저민 그레이엄이 월 스트리트에서 처음으로 취업을 한 회사는 '뉴버거, 헨더슨 & 룁'이라는 증권회사였다. 대학에서 교수직 제안을 뿌리치고 갔지만, 월 스트리트에서 그는 풋내기와 다를 바가 없었으니 보조부터 시작하게 된다. 이 회사의 사장 뉴버거Newburger는 풋풋한 청년 그레이엄에게 낮은 목소리와 엄숙한 표정으로 이런 말을 해준다.

"젊은이, 한 가지 말해두고 싶은 게 있네. 자네가 투기를 한다면 돈을 모두 잃을 걸세. 그것을 항상 명심하게."

벤저민 그레이엄은 그의 저서 《현명한 투자자》 첫 장에서 제일 먼저 투자와 투기의 차이점에 대해 서술한다. 자신이 하고 있는 것이 투자인지 투기인지 계속 점검해야 한다고 강조하며, 그 이유는 대부분의 사람이 투자라고 착각하며 투기를 하는 경우가 많기 때문이라고 밝혔다. 뉴버거 사장과의 첫 만남, 그리고 그의 충고가 벤저민 그레이엄의 투자 인생에 큰 영향을 주지 않았나 싶다.

보조에 지나지 않던 그레이엄은 특유의 끈질긴 근성 덕에 증권사에서 단번에 인정을 받게 된다. 그레이엄은 회사에서 철도 채권을 분석하고 추천 채권 목록을 작성하는 임무를 맡았는데, 그걸 단순히 작성하는 데 그친 것이 아니라 채권의 규모와 금리, 만기일, 담보 순서 등을 외우려고 노력했다. 필요할 때 찾아봐도 되지만 아예 그걸 외우고자 한 것이다. 물론 쉽지는 않았다. 한동안은 숫자들이 머릿속에서 뒤엉켜 정신을 차릴 수가 없었다. 그러다 몇 달 뒤 그 숫자들이 머릿속에서 가지런히 정리되는 것을 느낄 수 있었다. 어느덧 걸어다니는 채권 전문가가 된 것이다. 지금으로 따지면 애플, 구글, ASML 같은 회사의 주식이 당시 철도 채권이었으니 그레이엄이 얼마나 중요한 사람이 되었을지 상상이 가고도 남는다.

지금이야 이런저런 기업의 소식을 인터넷 검색을 통해 일상적으로 접할 수 있지만, 당시는 정보 전달이 느렸다. 주로 정보를 얻게 되는 채널이 신문인데, 신문은 지면이 한정적이니 제한적인 정보만을 다룰 수밖에 없었다. 그런 환경에서 그레이엄의 이러한 능력은 정말 대단한 것이었다. 일부 사람들은 자기 일을 제대로 하지 않으면서 투자로 돈을 벌겠다는 생각을 한다. 하지만 그건 불가능한 일이다. 투자로 성공하기 위해서는 일반적인 회사 생활에서 요구하는 것보다 서너 배 이상의 노력을 기울여야 한다. 자신에게 주어진 업무를 대충하면서 투자로 떼돈을 벌 수 있다고 착각하는 사람들이 있는데, 그것은 불가능하다. 한두 번은 운이 좋아 돈을 벌 수 있을지 몰라도 그 벌어들인 돈을 끝까지 지켜낼 수는 없다. 그레이엄은 그 어떤 일이든 자신에게 주어지면 완벽하게 해냈다. 주어진 것만 한 게 아니라 그 이상의 것들까지 해내려고 노력했다. 언제나 그런 태도를 지녔기에 월 스트리트에서도 빠르게 인정받게 된 것이다.

철도 채권의 달인이 되니 경쟁 회사에서 벤저민 그레이엄을 스카우트하겠다고 나섰다. 더 많은 월급을 주겠다고 하면서 말이다. 그레이엄은 자신의 능력을 높이 사준 회사로 이직하려고 마음먹는다. 그랬더니 기존의 회사 사장이 깜짝 놀라 그레이엄을 붙잡는다. 그러면서 월급도 올려주고, 아예 전담 부서를 만들어준다. 이제 그레이엄은 증권분석을 전담하는 부서의 팀장이 되었다. 업무 보조에서 채권 전문가로 순식간에 변모한 것이다. 이 과정은 운이나 인맥이 아닌 철저히 그의 노력으로 이루어진 결과이다. 당시 월 스트리트에 있는 그 누구도 벤저민 그레이엄처럼 치열하게 공부하지 않았다.

1914년 7월에 1차 세계대전이 발생한다. 전쟁 초창기에 주식시장은 상당히 불안했지만, 패닉에 이르지는 않았다. 하지만 얼마 후 주식시장은 난리가 난다. 모든 사람이 주식을 내다팔기 위해 아우성을 쳤다. 뉴욕주지사는 뉴욕 증권거래소를 신속히 폐쇄한다. 다른 거래소들도 다 폐쇄된다. 그렇게 4개월 동안 주식시장은 문을 닫게 된다. 다행히 그레이엄은 월급이 삭감되기는 했지만 해고당하진 않는다. 얼마 후 시장을 폐쇄한 이전보다 낮은 가격이 아닌 경우에만 결제가 허용된다는 조건 아래, 제한적 규모로 시장이 재개된다. 그렇게 다시 문을 연 지 얼마 지나지 않아 상황은 급반전을 맞이한다. 프랑스와 영국으로부터 전쟁 관련 주문이 들어오기 시작한 것이다. 경제 전망은 장밋빛이 되었다. 주가는 크게 상승하고 그레이엄의 주당 급료도 올라가게 된다. 전쟁으로 인해 일시적으로 타격을 받긴 했으나 결국 미국 주식시장은 원상회복했을 뿐만 아니라 우상향을 하게 된 것이다.

담배꽁초 전략으로 투자에 성공하다

1차 세계대전 이전까지 주식시장은 작전 세력이 주로 투자를 하고 돈을 버는 판이었다. 이 시기 월 스트리트는 도박판 같았다. 금융 거래와 경마와 도박이 구분되지 않을 정도였다. 이런 시대에 그레이엄은 지혜로운 눈으로 한 발 떨어져 시장을 바라봤다. 시장의 열기에 휘말리지 않고 떨어져서 저평가된 주식을 매수하고 높은 가격에 거래되는 다른 보통주를 매도하는 식의 보수적인 방법으로도 충분히 돈을 벌 수 있다고 판단한 것이다. 1차 세계대전 이후부터는 주식의 내재가치와 투자의 장점이 점점 중요해지는 단계로 들어가게 된다. 전쟁을 치르며 미국에서 전쟁물자를 만들어내는 동안, 제조업체들이 돈을 굉장히 많이 벌게 되었는데 그 과정에서 대규모 제조업체들의 재무구조가 크게 개선되었다. 이 시기 기업의 내재가치를 계산하고 투자의 이점을 찾아내는 작업이 중요해졌다. 그레이엄은 이 흐름을 정확히 파악했다. 1915년부터 1916년까지는 1차 세계대전으로 인한 강세장이 이어졌다. 전쟁이 터졌는데 주식이 크게 폭등한 것이다. 코로나 시대의 주식시장과 비슷한 양상이다. 코로나가 터지며 대폭락을 했다가 원상회복을 하는가 싶더니 대폭등을 한 것과 같다. 전쟁 초기에 폭락했던 주식이 사상 최고점을 찍었다.

그레이엄은 1915년에 처음으로 주식을 매수한다. 당시 그레이엄의 투자법은 '담배꽁초' 전략이었다. 이 전략을 간략히 설명하면 다음과 같다. 흡연자들이 흡연구역에 모여 담배를 피우는 모습을 상상해보자. 그들은 담배를 피우다가 어느 정도 길이가 짧아지면 불을 끄고 담배꽁초를 버린다. 그 버려진 꽁초들을 지나가던 노숙자가 주워 다시 불을 붙인다. 아직 몇 모금은 더 빨 수 있는 상태의 꽁초를 피우는 것이다. 이런 식으로 꽁초 네다섯 개비를 주워 피우면 담배 한 대를 피우는 것과 같은 만족을 얻게 된다. 그레이엄은 자신의 투자를 이와 같은 담배꽁초를 주워 피는 전략에 비유했다. 그는 남들이 거들떠보지 않는 싸구려 주식에 주목했다. 거기에 투자하여 마지막 남은 몇 모금을 맛있게 빠는 전략을 세운 것이다. 싸구려 주식들은 좋은 주식은 아니다. 파산을 눈앞에 둔 회사의 주식이었다. '파산 직전의 주식을 사서 이득을 챙긴다고?' 의아한 생각이 들겠지만, 이런 망하기 직전의 기업이라도 일단 주식을 사면 주변에 소문이 퍼진다. 그러면 투자자들이 몰려들게 되고 그때 잠시 주가가 오르게 된다. 완전히 망하기 전에 헐값에 샀던 주식을 잠깐 오르는 때에 파는 방식으로 이익을 내는 것이다.

두 번의 실패, 그러나 성공할 수 있었던 이유

담배꽁초 투자로 이익을 낸 벤저민 그레이엄은 점점 대담해진다. 그리하여 리스크가 큰 사업에 손을 뻗치게 된다. 보수적인 투자 자세를 유지하다가 돈을 잘 벌고 주식시장이 들썩이니 자신도 모르게 그런 흐름에 휘말린 것이다. 본인이 가지고 있던 안전한 투자 원칙을 저버리고 위험한 투자를 하기 시작한다.

이 시기 그레이엄은 스승이었던 영문학과 교수 타신의 투자 계좌를 관리하고 있었다. 타신은 독신주의자이자 매우 검소한 사람이어서 돈을 꽤 모았다. 그레이엄은 타신의 계좌를 관리하는 대신 수익이나 손실은 똑같이 나눠갖거나 분담하기로 했다. 첫해에 상당한 실적을 올린 그레이엄은 수익금으로 형에게 레코드 가게를 차려주기도 했다. 하지만 가게가 기대만큼 잘되지 않는 가운데, 타신의 계좌에도 문제가 생겼다. 폭등 후에는 반드시 폭락의 시간이 찾아온다. 1차 세계대전 발발 후 주식 광풍은 2년 반 정도 지속되다가, 1917년 갑자기 폭락하기 시작한다. 설상가상으로 매수세마저 실종이 된다. 사람들이 주식을 다 팔아치우고 사지 않게 된 것이다. 주식시장에 찬바람이 불기 시작했다. 그 와중에 타신의 계좌에 추가 증거금을 내라는 갑작스러운 통보를 받게 되었다. 하지만 그레이엄 몫의 돈은 이미 모두 인출해서 레코드 가게를 운영하는 데 써버렸기 때문에 타신 교수가 몹시 아꼈던 주식들을 상당한 손해를 보며 팔아야 했다. 그리고 그 과정에서 계좌에 있던 1만 달러라는 돈을 모두 잃게 되었다. 그레이엄은 이 일로 큰 고통을 받게 된다. 엄청난 상실감에 휩싸여 자살하고 싶다는 생각까지 하기에 이른다. 월 스트리트에서 막 떠오른 스타 매니저로 최고의 평판을 받던 사람이 순식간에 투자에 실패하고 생의 끝에 다다랐다는 생각을 하게 된 것이다.

첫 번째 실패로 생의 막다른 길에 이르다

이런 일이 비단 그레이엄에게만 일어나는 것은 아니다. 많은 투자자들이 투자 실패로 생의 의지를 잃곤 한다. 나 역시 여러분에게 섣부르게 주식에 투자하지 말라고 늘 당부한다. 세계 최고의 천재 투자자에게도 이런 일이 일어나는데 나에게 이런 일이 일어나지 않으리라고 누가 장담할 수 있겠는가. 주식시장은 만만한 곳이 아니다. 갑자기 대폭락이 찾아올 수도 있고, 도박판으로 변질될 수도 있다. 벤저민 그레이엄처럼 모두가 투기판을 벌일 때도 시장과 거리를 유지하며 보수적인 투자를 했던 사람조차도 어느 틈엔가 투기에 휘말릴 수 있는 곳, 모든 것을 장악한 듯 보여도 원칙을 저버리고 욕심을 부리는 순간 손에 쥔 모든 것을 잃게 될 수도 있는 곳이 바로 주식시장이다.

그레이엄에게는 월 스트리트에서 돋보였던 두 가지 재능이 있었는데, 어떤 문제가 발생했을 때 가장 중요하게 해결해야 하는 것이 무엇인지 판단할 수 있는 능력과 자신에게 맡겨진 일에 최선을 다하고 문제를 해결하기 위해 다양한 시도를 하는 능력이었다. 이 재능들은 그레이엄이 위기에 빠졌을 때 그를 절망에서 구하고 빠르게 회복하도록 도와주었다. 첫 번째 위기에서도 마찬가지였다.

그레이엄은 투자에 실패한 이후 상황을 감추거나 어려움으로부터 도망치지 않았다. 솔직하게 타신에게 이 사실을 털어놓고 자신이 할 수 있는 최선의 방법을 찾아 문제를 해결하려고 노력했다. 타신은 계좌의 돈을 다 날렸다는 이야기에 깜짝 놀랐으나 그래도 그레이엄을 끝까지 신뢰하고 같이 방법을 찾아보자고 했다. 그레이엄은 매달 능력이 되는 대로 계좌에 돈을 채워넣기로 했고, 2년 동안 그 약속을 지켰다. 그러는 사이 시장 상황은 좋아졌다. 타신의 제자에 대한 믿음과 이에 대한 그레이엄의 성실한 보답이 엄청난 손실로부터 그들을 구해줬다. 훗날 그레이엄은 타신의 재산을 상당한 액수로 불려주었다.

다시 투기꾼의 마음이 되어

대부분의 사람들은 한 번 큰 실패를 겪고 나면 그다음에는 굉장히 조심스러운 태도를 취하게 된다. 벤저민 그레이엄 역시 다시는 위험한 투자를 하지 않겠다고 결심한다. 다행히 몇 번의 폭락기를 무사히 지나간다. 그런데 이런 시기를 지나고 나니, 그레이엄의 마음은 다시 풀어진다. 슬슬 투자자가 아닌 투기꾼의 마음이 생기기 시작한 것이다.

뼈아픈 실패 경험이 있으니 일확천금을 노리기보다는 최대한 보수적인 투자를 해야 한다고 생각했지만, 주변 사람들의 이야기에 마음이 흔들린 것이다. 같이 일하는 동료가 오일회사에 투자해 큰돈을 벌어 사표를 내고 은퇴한다는 소식을 접하게 되자, 굳게 고수하던 그의 투자 원칙이 흔들리게 된다. 큰돈을 벌어야겠다는 욕심에 비상장기업에 투자를 하기에 이른다. 바로 세이볼드 타이어라는 스타트업 회사였다. 물론 선불리 투자를 했던 것은 아니다. 그레이엄이 나름대로 분석을 해봤더니 최고로 유망한 기업처럼 보였다. 앞으로 미국과 유럽 전역에, 그리고 전 세계에 자동차가 굴러갈 텐데 타이어가 얼마나 많이 필요하겠는가. 이제 막 자동차가 보급되고 있으니, 조만간 부자가 될 기업이라는 판단을 한 것이다.

초반에는 상당한 수익을 냈다. 여기에 그레이엄은 크게 고무된다. 판을 크게 벌리게 된 것이다. 이번에는 자신의 재산뿐 아니라 친구들 돈까지 다 집어넣는다. 하지만 정신을 차려보니 갑자기 주식이 폭락하고 회사가 없어져버리는 일이 발생하고 말았다. 80달러까지 갔던 주식이 하루아침에 12달러까지 폭락하더니 며칠 뒤에 거래 금지가 되어버렸다. 그리고 상장 폐지가 되어 완전히 사라진다. 사실 세이볼드 타이어는 실제로 존재하지도 않았던 회사였다. 서류상으로만 존재하던 회사였다. 다행히 벤저민 그레이엄은 늦게나마 빠져나와 원금의 3분의 1 정도는 건질 수 있었다. 하지만 충격이었다. 한 번 크게 실패하여 자살을 생각할 만큼 큰 좌절을 겪었던 사람이 강세장이 펼쳐지자 그 뼈아픈 경험을 잊고 뛰어들어 또다시 자신의 큰돈과 친구들 돈까지 다 날려먹을 뻔했으니 말이다. '주식이란 과연 무엇인가?'를 깊이 생각해보지 않을 수 없는 일화라고 하겠다.

두 번째 실패, 경제 대공황을 딛고 일어나다

1929년 대공황이 찾아온다. 역사적으로 보면, 대공황이 터지기 전이나 버블이 터지기 직전의 주식이 제일 뜨겁고 고점이다. 이 시기 그레이엄은 위기를 느낀다. 하지만 눈앞의 수익에 눈이 멀어 외면한다. 물론 무방비한 상태로 있었던 것은 아니다. 나름 위험에 빠지지 않기 위해 여러 가지 장치를 해놓았다. 대공황 초창기에 벤저민 그레이엄은 꽤 대처를 잘해 금융 천재라는 소리까지 듣게 된다. 대처를 잘했기 때문에 그레이엄은 이제는 안전해졌다고 믿게 된다. 그리고 1930년 1월 어느 날, 겨울을 보내기 위해 플로리다에 갔는데 그곳에서 93세인 존 딕스라는 남자를 만난다.

이 노인은 벤저민 그레이엄에게 소소한 질문을 던진다. 자네는 무슨 일을 하고 있나, 고객은 몇 명인가, 지금 은행이나 증권회사에 진 신용대출이 얼마인가 이런 질문을 한 것이다. 벤저민 그레이엄은 자신에 대한 자부심이 있었기에 우쭐하며 대답한다. 아마 금융의 천재라고 불리는 것에 대해 자랑스러움을 감추지 않고 드러냈을 것이다. 그러자 딕스 씨 표정이 갑자기 바뀐다. 그리고 정색하면서 말한다.

"그레이엄 씨, 내가 당신 입장이라면 밤에 잠이 안 올 것 같습니다. 내일 기차를 타고 뉴욕으로 돌아가 당신이 가지고 있는 주식과 채권을 팔아 얼른 빚을 갚으세요."

그레이엄은 예의 바르게 경청하는 태도를 취했지만, 사실 기분이 나빴다. 월 스트리트의 주식 천재로 불리는 자신에게 아무것도 모르는 시골 노인네가 정색하며 충고하다니, 너무 무례하다고 생각했다. 자신의 최첨단 거래 시스템을 이해하지 못하는 노인이 마음대로 지껄이는 것 같아 기분이 상한다. 하지만 훗날 벤저민 그레이엄은 이날 노인의 충고를 들었다면 자신의 인생은 상당히 달라졌을 거라고 회고하게 된다. 이 노인과의 만남이 있은 직후에 벤저민 그레이엄은 최악의 시기를 맞이하게 된다. 대폭락을 맞이해서 250만 달러, 지금 가치로 따지면 약 300억이 넘는 자본금 중 200억 넘게 날리게 된 것이다.

물론 이런 대공황의 와중에 돈을 번 사람도 있었다. 대표적인 사람이 존 템플턴John Templeton이다. 존 템플턴은 대공황이 찾아오자 있는 돈 없는 돈을 다 끌어모아 100개 회사의 주식을 샀다. 회사마다 각각 100주씩 산 것이다. 주변에서는 '이런 시기에 주식을 사다니!' 미쳤다는 반응이었다. 하지만 템플턴은 투자에 대한 공부를 통해 이 흐름이 언젠가는 원상회복되고 우상향할 거라는 것을 정확히 알고 있었다. 이 대공황이 언젠가는 끝난다는 믿음이 있었던 것이다. 실제 100개 기업 중 30개 회사는 부도가 나서 없어진다. 근데 나머지 70개 회사에서 100배 이상의 수익이 난다. 10억을 투자한 그는 대공황이 지난 몇 년 후에 1천억 대의 부자가 된다. 그리고 월 스트리트의 재벌 리스트에 이름을 올린다. 굉장히 대담하고 용감하지 않은가. 나도 언젠가 대공황이 찾아오면 템플턴 같은 도전을 해보고 싶다. 인생 전부를 거는 심정으로 있는 재산을 싹 털어 우량기업 100곳의 주식을 사는 것이다.

다시 그레이엄의 이야기로 돌아가보자. 위대한 성공을 거둔 템플턴과 달리 그레이엄은 이 기간에 엄청난 손해를 보게 된다.

너무나 괴로웠던 그는 생활방식을 확 바꾼다. 고급주택을 처분하고 비싼 가구들을 팔아버린다. 다행히 파산까지는 하지 않았지만, 근검절약하는 삶을 살게 된 것이다. 주식은 계속 폭락하였고, 그레이엄은 되풀이되는 실망감에 빠지게 되었다.

'대공황과 주식 대폭락은 언제 끝날 것인가?'

친척과 친구들의 재산을 날려먹은 데 대한 죄책감과 패배감, 좌절감, 불안감으로 그는 오랜 시간 고통을 받게 되었다.

그러나 그레이엄은 다시 부지런히 삶을 개척한다. 강의를 시작하고 감사위원으로 활동하고 정부기관에 들어가 생계를 꾸린다. 택시를 타고 다니던 사람이 지하철을 타고 다닌다. 그리고 이때《증권분석》이라는 책을 저술하게 된다. 그레이엄은 원래 극작가를 꿈꾸었는데 문학적 소질은 크게 뛰어나지 않았던 듯하다. 그 대신 분야는 다르지만 주식투자에서 성경이라고 불러도 손색이 없는, 이 엄청난 역작을 남기게 되었다. 사실 이 책은 그레이엄이 생계를 위해 인세라도 벌어볼까 하는 심정으로 쓴 책이다. 만약 그레이엄이 투자에 실패하지 않고 대공황을 겪지 않았다면, 이 투자의 고전古典이 탄생하지 않았을지도 모르겠다.

그레이엄은 대공황 후 5년여간은 엄청난 손실을 기록했다. 하지만 그레이엄은 이렇게 주식 계좌가 박살이 났는데도 시장이 회복될 거라고 믿고 끝까지 버텼고, 시장은 그의 이러한 믿음에 보답한다. 1933년에 50% 수익을 달성하고 그로부터 2년 뒤에 손실 전액을 만회한다. 그 후 그는 큰 탈 없이 승승장구하게 된다.

그레이엄은 1926년에 설립한 투자회사 '그레이엄-뉴먼Graham-Newman' 사를 30년 가까이 경영하다가 워런 버핏에게 넘기고 은퇴한다.

그레이엄처럼
인생에 부를 초대하라

두 번의 실패를 겪고도 끝까지 살아남은 투자자, 벤저민 그레이엄. 월 스트리트에서 그를 전설적인 투자자라고 부르는 이유는 그의 투자가 단순히 부를 거두었기 때문이 아니라 다른 투자자들에게 큰 영향을 주었기 때문이다. 그는 시장에서 주가를 수동적으로 받아들이는 것에 만족하지 않았다. 자신이 직접 기업을 탐색하고 기업의 주가가 실제 가치보다 훨씬 낮게 책정되어있을 땐, 원래의 가치에 맞게 주가를 책정하라고 요구했다. 사람들이 생각하지 못한 일을 해낸 것이다. 이것이 그 유명한 '노던 파이프라인Northern Pipeline 전투'라고 불리는 사건이다.

행동하는 주주로 변신하자

그레이엄은 새로운 투자 기회를 찾다가 스탠더드 오일과 관련한 기업을 분석하기 시작했다. 바로 록펠러Rockefeller의 회사였다. 당시 미국은 독점금지법을 통해 스탠더드 오일을 31개 회사로 분할했는데, 현재 그중에서 가장 유명한 기업이 엑손 모빌이다. 당시에 분할된 기업 중 하나가 노던 파이프라인인데, 유전지대에서 정유회사까지 원유를 수송하는 소규모의 송유관 회사였다. 이들 회사의 재무상황은 거의 알려지지 않았다. 그레이엄은 주간상업위원회이하 ICC의 회계보고서에서 송유관 회사들의 통계를 우연히 보고 통계에는 나와있지 않은 특정 정보가 더 있을 기라 생각했다. 바로 워싱턴의 ICC 사무실로 달려가 송유관 회사의 회계보고서를 요청한다. 자료를 받아들고 살펴보니 이들 회사가 엄청난 금액의 건전한 철도 채권을 가지고 있다는 것을 알게 된다. 그러나 이런 것들이 주식 가치에 전혀 반영이 되어있지 않았다. 이 채권 가격은 송유관 회사들이 발행한 전체 주식의 시가총액을 훨씬 뛰어넘었다. 그레이엄은 자신이 늘 강조했던 내재가치, 즉 이 회사의 실제 가치보다 엄청나게 저렴한 가격에 주식이 거래되고 있다는 것을 알게 되었다. 당시 노던 파이프라인은 철도 채권을 감안했을 때 주당 95달러의 현금성 자산을 보유하고 있었는데, 주당 66달러에 거래되고 있었다. 현금성 자산을 놔두고라도 배당금 6달러라는 지속적인 순익을 내고 있었는데도 당시 송유관 회사의 주식들은 인기가 전혀 없었다. 월 스트리트의 투자자들 중 그 누구도 관심을 두지 않았다. 그레이엄은 그 틈새를 파고들어 간 것이다.

뉴욕으로 돌아온 그레이엄은 노던 파이프라인의 주식을 사기 시작한다. 지속적으로 매수하여 총 4만 주에서 2천 주를 보유하게 된다. 그리하여 록펠러 재단에 이어 두 번째로 주식이 많은 사람이 된다. 그리고 그는 주주총회에 가서 회사에 당당하게 요구한다. 주식에 회사의 잉여자산이 적절히 반영되지 않고 있으니 주가가 제값을 찾을 수 있도록 해달라고 말이다. 주당 액면가를 낮추고 차액을 자본금 반환 조로 주주들에게 지급하라고 요구한다. 첫 번째 전투에서 그레이엄은 처참하게 패배한다. 임직원들은 그레이엄의 말을 귀담아듣지 않고 바보 취급한다. 그리고 다른 주주의 제청을 받지 못했다는 절차상의 문제를 들어 그레이엄의 요구를 받아들이지 않는다. 하지만 그레이엄은 포기하지 않았다. 그는 주변 사람들에게 노던 파이프라인 주식에 대해 설명하고 주식을 매집하기 시작한다. 그리고 그 주주들에게 위임장을 받아 2차 전투를 치르러 간다. 2차 전투에서 그레이엄은 완벽하게 승리를 거두고, 엄청난 수익까지 낸다.

이 일을 통해 록펠러는 그레이엄에게 한 수 배운다. 록펠러 입장에서는 참으로 어이없는 일이었을 것이다. 젊은 청년이 난데없이 내 자회사에 들이닥쳐 주식을 가치에 맞게 발행하라, 자본금을 반환하라는 등 요구를 하니 말이다. 그런데 진행과정을 가만히 지켜보니, 결국 그 싸움에서 이기고 엄청난 수익을 챙겨가는 것이 아닌가. 이 송유관 회사들은 모두 록펠러의 자회사들이었는데 록펠러는 그때까지 자신의 재산을 세상에 드러내지 않고 있었다. 그런데 그 재산을 세상에 내놓으니, 재산이 순식간에 엄청나게 불어난다는 것을 알게 된 것이다. 벤저민 그레이엄의 이 노던 파이프라인 전투를 가리켜서 '행동주의 투자'라고 한다.

주식을 대량으로 매수하여 특정 기업의 주요 주주로 자리 잡은 뒤 경영에 적극적으로 참여하는 방식은 지금도 이어지고 있다. SK의 지분을 사들여 지배구조 개선과 오너 일가의 퇴진을 주장했던 소버린자산운용이나 예전 삼성물산과 제일모직의 합병에 반대해 파장을 불러일으킨 엘리엇 매니지먼트 방식의 시초가 바로 벤저민 그레이엄이다. 우리나라에서는 이들 회사가 무슨 사악한 행위를 한 것처럼 보도했지만, 냉정하게 보면 이들은 주주의 권리를 행사한 것에 불과하다. 다만 주가가 오른 후 엄청난 시세차익을 챙겨 떠났기에 우리 입장에서는 상당히 뼈아픈 일이 되었을 뿐이다. 우리는 앞으로도 이런 일이 얼마든지 일어날 수 있다는 것을 늘 염두에 두고 살아가야 한다. 아니 오히려 우리가 소버린자산운용이나 엘리엇 매니지먼트 같은 회사를 만들어서 외국 유수의 기업을 공격하고, 더 많은 이익을 얻어낼 수 있어야 한다. 그레이엄의 노던 파이프라인 전투는 현재 진행형이다. 절대 100년 전 이야기가 아니다.

인생에 부를 초대하라

사람들은 보통 돈 때문에 고통받으면 애써 돈에 대해 큰 가치를 두지 않은 것처럼 행동한다. 그런데 그렇게 되면 더욱더 가난해질 뿐이다. 벤저민 그레이엄은 어린 시절 경제적으로 어렵게 살았지만, 돈을 저주하지 않고 존중했다. 돈을 경멸하거나 무시하지 않고 돈을 많이 갖고 싶다는 열망을 키웠다. 부를 자기 인생에 초대한 것이다.

이후 벤저민 그레이엄은 자신의 마음속에 미래에 큰돈을 벌어 펑펑 쓰는 모습을 그려넣었다. 그리고 실제로 그는 어마어마한 돈을 벌었다. 큰돈을 번 이후에는 돈을 물처럼 펑펑 쓰는 것을 당연하게 생각했다. 그걸 죄악시하지 않았다. 흔히 돈을 아끼는 것이 미덕이라고 생각하는데, 내 생각은 조금 다르다. 큰돈을 벌면 펑펑 써도 된다. 아니, 큰돈을 버는 사람들은 돈을 물 쓰듯 써야 한다. 그래야 나라 경제가 원활하게 돌아간다. 우리나라가 더 잘되기 위해서는 부자가 많아져서 다들 돈을 물 쓰듯이 써야 한다. 1년에 10억을 벌어 2~3억씩 쓰는 것이다. 실컷 쓰고 세금을 다 내고도 1년에 5억은 계좌에 남을 것이다. 그걸 사치한다고 욕할 필요도 없다. 빚을 내서 돈을 막 쓰는 것은 안 되지만 돈을 잘 벌어서 신나게 돈을 쓰는 것은 권장할 일이다. 나는 당신도 그런 삶을 살길 바란다. 물론 지금 당장 돈을 마구 쓰라는 것은 아니다. 투자에 필요한 종잣돈이 마련될 때까지는 전략적으로 돈을 모아야 한다. 그 종잣돈으로 투자를 잘해서 부자가 되면 그때 멋지게 쓰라는 것이다.

몇 년 전, 팬 한 분이 책을 선물로 보내왔다. 현재 40대인 이 저자는 주식투자와 부동산 투자를 통해 은퇴 자금을 마련하고 한국을 떠나 외국에 살면서 책을 썼다고 한다. 이분이 원래 투자에 대해 일가견이 있던 사람은 아니었다. 근로소득 외에는 전혀 모르고 살다가 투자에 눈을 떠 열심히 공부를 해서 성공했고, 40대 초반에 은퇴해서 별다른 일을 하지 않아도 투자 수입만으로 생활할 수 있게 되어 해외로 이민을 간 것이다. 그곳에서 정말 만족스러운 삶을 살고 있다고 한다. 멋진 삶의 방식이라는 생각이 들었다. 하루빨리 제대로 된 투자에 눈을 뜬다면 당신도 이런 인생을 살 수 있으리라고 믿는다.

벤저민 그레이엄은 평생 물질과 정신에 있어서 균형 잡힌 부를 추구했다. 그레이엄이 말한 '정신적인 부'는 어떤 것일까? 바로 돈에 대해 자유로워지는 것이다. 세계 3대 투자자 중의 한 사람인 짐 로저스James Rogers도 이와 비슷한 이야기를 했다. '부자가 되니까 무엇이 좋은가?' 하는 물음에 로저스는 다음과 같이 대답한다.

"돈에 대해 자유로운 인생을 살고 있습니다. 더는 돈을 위해 일하고 있지 않습니다."

나는 부자의 삶을 찬양하지는 않는다. 하지만 '돈보다 행복이 중요하다.'는 사람들의 말에는 약간의 비애가 담겨있다고 생각한다. 일반인의 삶을 냉정하게 들여다보자. 부자가 아닌 사람들의 삶을 말이다. 사람들은 돈이 인생의 전부도 아니고 행복의 필수조건도 아니라고 하지만 돈 때문에 자기 인생을 희생한다. 내가 원하는 일도 아닌데, 내가 좋아하는 일도 아닌데 돈 때문에 시간과 노력을 들여 일한다. 돈보다 중요한 것은 행복이라고 말하면서 행복을 얻기 위해 노력하지도 않는다. 가벼운 말장난들이 난무하는 예능프로그램을 보며 낄낄거리거나 맛집을 찾아다니며 감각적 쾌감을 쫓을 뿐이다. 이런 것들은 가짜 행복이다. 짧은 시간 머물다 흔적도 없이 사라지고, 그 뒤에는 허무가 찾아온다. 진짜 행복은 어떤 것일까. 철학이나 종교의 진리를 찾아가는, 정신적인 행복이 아닐까. 속세를 떠나 정신적 행복을 추구하며 살 것인가, 세속적인 삶을 살 것인가는 개인적 선택의 문제이다. 어느 것이 더 옳은 삶이라고 판단을 내릴 수는 없는 부분이다. 단, 부자들은 최소한 돈으로부터 자유로운 생활을 하고 있다. 벤저민 그레이엄은 그 점을 일찍이 간파했다.

그레이엄은 물질과 정신의 균형 잡힌 부를 유지하기 위해 많은 노력을 기울였다. 말년에 그는 돈을 더 많이 벌 수도 있었지만 미련을 갖지 않고 회사를 정리한다. '이미 나는 충분히 돈을 많이 벌었다.'는 말을 남기고 말이다. 그리고 남은 인생을 유유자적하며 즐긴다. 돈 걱정 없이 하고 싶은 일을 하며 행복하게 살다 세상을 떠난다. 이게 그레이엄이 평생 추구해온 삶의 모습이다. 나 역시 그레이엄이 추구한 삶의 모습에 동의한다. 내가 여러분에게 부자가 되어야 한다고 말하는 것도 마찬가지이다. 돈 때문에 어쩔 수 없이 회사에 나가야 하고, 어쩔 수 없이 만나기 싫은 사람을 만나야 하는 고통을 벗어나기 위해서는 부자가 되어야 한다.

나는 망한 적이 있다. 내 친구들도 망했다. 당신도 망할 수 있다

우리나라의 성공한 투자자들은 다음과 같은 말을 하곤 한다.

"나는 주식투자로 큰돈을 벌었고, 지금도 벌고 있다. 나를 따라서 하면 된다. 돈 버는 것은 정말 쉽다."

그런데 벤저민 그레이엄은 정반대의 메시지를 던지고 있다.

"나는 크게 망한 적이 있다. 내 친구들도 망했다. 당신도 망할 수 있다."

그레이엄은 자서전을 통해 자신이 실패한 이야기를 계속 늘어놓는다. 벤저민 그레이엄이 누구인가? 주식의 왕, 세계 최고의 주식 부자인 워런 버핏이 스승으로 삼은 것을 넘어 자신의 85%를 만들어준 분이라고 극찬하는 사람이다. 그런 그가 자서전에 화려한 이야기 대신 오히려 자신이 처절히 실패한 이야기만 써놓았다. 나는 그레이엄의 자서전이 그가 주식 투자자들에게 전하는 일종의 경고문이라고 생각한다. 그는 최대한 안전하고 보수적이며 정직하게 투자하라고 반복해서 말한다. 이것이 투자의 원칙이라고 말이다. 자신은 그 원칙을 지키지 않아 두 번이나 파산할 뻔했다고 말해주는 것이다. 물론 그렇다고 투자를 절대 하지 말라고 말하는 것은 아니다. 단 투자의 원칙을 마음 깊이 새기고 주식시장의 흐름에 부화뇌동하지 말아야 한다고 강조한다. 세상의 모든 돈을 긁어모으려고 하지 말고 안전하고 신중하게 투자하는 것이 현명한 투자자가 되는 길이라는 것이다. 주식을 사는 것이 아니라 회사를 산다는 마음으로 우량주식에 장기투자하면 누구나 부자가 될 수 있다는 점을 우리에게 알려주고 있다.

정신적, 경제적 부가 끝내 이루어지는 것. 그 목표에 도달하는 것은 물론 중요하다. 하지만 어쩌면 그것보다 더 가치 있는 것은 그 부로 향하는 과정에서 내가 노력하고 도전하며, 찾고 구하는 이 과정의 간절함이 아닐까 한다. 그 간절함이 만들어내는 성장의 시간을 귀하게 여기고 즐길 줄 아는 것, 그것이 바로 우리가 추구해야 하는 현명한 투자자의 모습이 아닐까 한다.

주식투자를 하는 사람들은 모두 벤저민 그레이엄을 칭송한다. 우상처럼 떠받든다. 하지만 그레이엄을 우상으로 떠받들어서는 절대 안 된다. 나는 이 점을 여러분에게 꼭 이야기하고 싶다. 우리는 벤저민 그레이엄 시대의 사람이 아니다. 본질적으로 투자의 원칙은 같겠지만 시대가 달라졌고, 문화와 기술, 전망 등 모든 것이 달라졌다. 그레이엄은 실로 대단한 사람이긴 하지만 결국 그도 자신의 시대에 갇힐 수밖에 없었던 사람이다. 그가 살았던 시대적 한계를 뛰어넘지는 못했다는 것을 짚고 넘어가고 싶다. 여러분은 스스로의 투자 철학을 가져야 한다.

그레이엄의 이야기는 우리를 비춰주는 거울이다. 다들 이 거울에 자신을 비춰보길 바란다. 내가 벤저민 그레이엄보다 뛰어난 사람인가. 내가 벤저민 그레이엄보다 마음 관리를 더 잘할 수 있는가. 이런 것들을 수시로 점검하며 투자에서 언제나 겸손한 태도를 잃지 않도록 노력해야 한다. 이러한 것만 잘 지킨다면 자본주의의 거대한 물결에서도 안전하게 미래로 나아갈 수 있을 것이다.

Benjamin Graham

PART 3

벤저민 그레이엄처럼 투자하라

최고의 성공으로 이끄는 부의 사고방식 13

부자 수업 01

자본주의 그래프의 우상향을 믿어라

부의 사고방식을 이야기하기 전에 투자자라면 먼저 생각해야 할 것이 있다. 그것은 왜 주식에 투자하는가이다. 정답은 간단하다. 두 가지 믿음이 있기 때문이다. 하나는 주식은 다른 자산보다 높은 수익률을 가져다준다는 믿음이다. 주식투자는 그 자체로 위험성이 있다. 안전자산이 아니라는 것이다. 안전한 투자를 원한다면, 은행에 가서 원금 손실이 없는 예금과 적금을 들면 된다. 그보다는 덜 안전하지만 더 높은 수익률을 원한다면 채권을 사두면 된다. 그러나 주식은 그렇지가 않다. 수익률이 높은 만큼 손실률도 높다. 그러므로 두 번째 믿음을 우리 마음속에 각인하는 것이 꼭 필요하다. 바로 자본주의는 계속 발전한다는 믿음이다. 투자 시점보다 더 높은 수익을 기대하는 투자자에게 이 믿음이 없다면, 투자의 의미가 없다. 그래프는 계속 우상향할 것이다. 물론 도중에 대폭락의 시간이 찾아올 수도 있다. 하지만 이 대폭락은 시간이 흐르면 결국 극복되고, 이전보다 더 눈부신 상승의 그래프를 그릴 것이다. 우리가 하루빨리 미국의 우량주식에 투자해야 하는 이유이다. 자본주의를 믿고 거기에 빠르게 올라타는 사람만이 미래의 부를 선점할 수 있다.

채권시장 VS 주식시장

현재 월 스트리트는 탄성이 나올 만큼 근사한 빌딩숲으로 이루어져있다. 비싼 건물에 고급시설을 갖추어놓고 사람들의 눈길을 잡아끌고 있다. 하지만 벤저민 그레이엄이 주식에 입문했을 때는 지금과는 분위기가 사뭇 달랐다. 그 시절 주식은 일반 사람들에게 일종의 도박처럼 인식되었다. 당시 미국 주식시장은 밖에서 천막을 쳐놓고 거기에서 거래가 이루어졌다. 마치 도박꾼들이 돈 놓고 돈 먹기 하는 것 같은 인상을 주었다.

주가 조작도 비일비재했다. 내부자 거래부터 시작해서 가짜 소문을 만들어 사람들의 돈을 가로채는 경우도 허다했다. 우량주식 장기투자의 개념도 없었다. 그 시절의 주식투자는 투기 그 자체였다고 봐도 무방할 듯하다. 그런 까닭에 당시 그레이엄은 무조건 채권을 사두었다. 불안정한 주식시장 상황이 늘 두려웠기 때문이다. 벤저민 그레이엄은 투자자들에게 우량 등급의 채권과 우량주식을 분산 보유하라고 권유했다. 때에 따라서 채권의 비중을 25%에서 75%까지 적절하게 조절하라는 것이다.

하지만 지금 이 조언은 굳이 귀담아듣지 않아도 좋다. 우선 채권과 주식에 적절하게 분산투자하는 것이 일반인이 하기에는 거의 불가능하다. 게다가 우리는 채권에 대해 잘 알지 못하기 때문에 상황에 맞게 포트폴리오를 조절할 수 없다. 그레이엄은 일반투자자가 아니다. 그가 월 스트리트에 들어가서 제일 먼저 했던 일이 채권을 분석하는 것이었다. 한때 그의 별명이 '걸어다니는 채권 백과사전'이었을 정도였다. 그레이엄은 채권 전문가였으니 상황에 맞게 채권과 주식의 보유 비율을 조절할 수 있겠지만, 우리는 주식 전문가도 아니며 채권에 대해서도 알지 못한다. 공부한다고 해도 자유자재로 비율을 조절할 수 있을 정도로 전문가적 통찰을 갖는 것은 쉽지 않으므로, 지금 채권에 대해 공부하겠다고 마음먹을 필요는 없다.

무엇보다 오늘날 채권은 과거 그레이엄이 거래했던 시기와는 조금 다르게 접근해야 한다.

채권보다 압도적으로 높은 주식 수익률

미국 시장의 자산별 수익률 그래프를 보면, 우리가 어디에 투자하는 것이 유리한지 좀더 명확히 알 수 있다. 1900년부터 2019년까지 지난 120년 동안 주식과 채권의 수익률을 비교해 보자. 주식에 투자한 사람의 수익률은 5만 8,191%이다. 채권은 어떤가. 가장 안전하다는 10년 만기 미국 국채는 327%의 수익이 났다. 1년 만기 국채의 수익률은 77%에 불과했다. 벤저민 그레이엄은 1976년 세상을 떠났기 때문에 주식과 채권 수익률 그래프의 끝을 보지 못했다. 주식과 채권의 수익률은 시간이 지날수록 그 차이가 훨씬 더 많이 벌어졌다. 그레이엄은 그것을 예상하지 못했기에 주식 침체기에는 주식을 다 버리고 채권을 100% 보유하는 게 더 현명할 수도 있다는 주장까지 한 것이다.

미국은 그레이엄이 보지 못한 그 이후의 시간에 폭발적인 성장을 이루어냈다. 그레이엄의 시대는 냉전 기간으로 소련이라는 강대국이 있었다. 당시 소련은 미국 이상의 강대국이었기 때문에 그레이엄은 냉전이 계속될 거라고 생각할 수밖에 없었다. 하지만 이후 소련은 급격히 몰락했고 미국이 세계 패권을 독차지하게 되었다. 넘버원이 된 것이다. 초강대국이 되면서 미국 주식시장도 믿기 힘든 우상향 그래프를 그리게 된다.

한편으로 미국 주식시장을 결정적으로 성장시킨 제도가 있다. 미국인들의 퇴직연금 401K이다. 1981년에 퇴직연금 401K가 시행되면서 미국인들의 금융자산 보유가 급격히 늘어났다. 401K는 미국 직장인의 상당수가 의무적으로 가입해야 하는 제도인데, 우리나라의 국민연금 같은 개념이다. 월급의 7~10%를 국가가 강제로 떼어가서 미국의 우량주식 위주로 투자하는 제도이다. 퇴직할 때까지 그 돈을 찾을 수 없다. 물론 주식을 팔 수는 있시만 그러면 페널티가 생겨 큰 손해를 보게 된다. 401K제도를 시행한 초창기에는 사람들의 불만도 많았다. 주식시장에 대한 이해가 깊지 않은 상황에서 내 월급의 일부를 국가가 떼어가는 것에 대해 못마땅해했다. 하지만 이제는 엄청난 관심과 지지를 받고 있다. 비교적 이른 나이에 퇴직연금 계좌에 100만 달러 약 13억 원를 찍는 사람들이 속속 나타나고 있기 때문이다. 시장에 돈이 많이 들어오면 주가는 쭉쭉 올라가기 마련이다. 미국의 많은 직장인이 월급의 10%를 매달 착실히 주식시장에 집어넣는다고 생각해보라. 주식시장은 더더욱 발전할 수밖에 없다. 401K제도가 주식시장을 구조적으로 떠받치고 있는 셈이다. 이런 환경은 벤저민 그레이엄의 시대에는 없었던 일로, 주식시장이 그때와는 전혀 다른 구조가 되었다.

미국은 더욱 발전할 것이다

여기에 구글, 애플, 아마존 같은 기업이 출현하게 되었다. 이 기업들은 단순히 미국 회사가 아니다. 전 세계를 상대로 사업을 하는 회사들이다. 또한 4차 산업혁명의 주역이기도 하다. 미국 산업의 규모가 이전과는 비교도 할 수 없을 만큼 거대해진 것이다.

그레이엄은 세계 대공황과 2차 세계대전, 6·25전쟁 등을 거치면서도 우량주식에 장기투자하여 매년 평균 8%의 수익률이 나왔다고 한다. 세계 최악의 주식 대폭락 시대에도 우량주식에 한 장기투자는 결코 실패하지 않았다는 것이다. 그런데 앞으로 미국이 지금과는 비교도 되지 않는 초일류, 초강대국이 되는 4차 산업혁명 시대에 들어선 이 시대에 미국 시장에 투자를 한다면 어떻게 되겠는가? 나는 이 지점을 강조하고 싶다. 조금 더 강조하자면 지금 미국 시장에 투자하지 않는 것은 눈앞에 금광을 보고도 그냥 지나치는 격이다. 미국의 우량주식은 앞으로 더 좋아질 것이 틀림없기 때문이다.

1958년 미국 애널리스트들은 이런 푸념을 털어놓았다.

"옛날에는 주식 하기 참 좋았는데! 요즘은 사람들이 너무 정보에도 빠르고… 좋은 주식은 다 올라버려서 괜찮은 주식이 없다."

1958년이면 어떤 시대인가. 스마트폰도 없고 PC가 보급되기 한참 전이다. 모든 소식이 제한적이고 느릴 때였다. 그런 시기에 월 스트리트의 주식 전문가들이 모여 옛날이 좋았지, 요새는 주식 하기 너무 힘들다고 말하고 있는 것이다. 여러분은 이들의 푸념이 와닿는가? 좋은 시절이 정말 간 것이 맞는가? 나는 반복해서 여러분에게 미국 주식을 특히 장기적인 관점에서 보라고 강조했다. 현재의 시점에서만 주식을 바라봐서는 안 된다. 미래의 시점에서 현재를 바라보면 지금이 가장 싼 순간일 수 있다.

4차 산업혁명 시대에 올라타라

인류는 지금 역사상 가장 혁명적인 시기에 들어섰다. 바로 4차 산업혁명 시대이다. 이 용어는 세계경제포럼World Economic Forum: WEF,

일명 다보스포럼의 클라우스 슈바프Klaus Schwab 회장이 2016년 처음 사용했다. 슈바프 회장은 이전의 1차, 2차, 3차 산업혁명이 전 세계적 환경을 혁명적으로 바꿔놓은 것처럼 4차 산업혁명이 세계의 질서를 새롭게 만들 것이라고 말했다. 증기기관과 기계화로 시작된 1차 산업혁명, 전기를 이용한 대량생산이 이루어진 2차 산업혁명, 컴퓨터 정보화와 자동화 시스템의 3차 산업혁명에 이어 4차 산업혁명 시대는 인공지능, 사물인터넷, 로봇기술, 드론, 자율 주행차, 가상현실 등이 주도하는 산업혁명이 될 것이다.

우리가 좀더 통찰력 있는 투자자가 되기 위해서는 주식시장의 역사를 파악할 필요가 있다. 사람들은 자기 시대만 살기 때문에 역사 공부를 하지 않으면 같은 일이 과거에도 일어났다는 것을 모르게 된다. 지금 벌어지고 있는 일들이 30년 전에도, 50년 전에도, 100년 전에도 거의 비슷한 양상으로 일어났다. 따라서 과거를 알면 미래를 예측하는 것이 훨씬 수월해진다. 물론 역사는 똑같이 되풀이되지는 않는다. 역사는 반복하면서 또 발전한다.

1970년대까지의 주가 흐름을 한번 살펴보자. 1949년 중반부터 1966년 초까지 17년 동안 다우 지수는 6배 이상 상승했다. 그런데 1968년 고점에서 1970년까지 2년 동안 36% 폭락했다. 그러다가 1970년에 반등해서 1972년에는 사상 최고가를 수립

한다. 주가는 쭉 올라가다가 팍 떨어졌다가 다시 쭉 올라가는 식으로 그려진다. 이것이 벤저민 그레이엄이 알고 있는 그래프이다. 그런데 우리는 더 긴 그래프를 그릴 수 있다. 1970년대 이후의 그래프, 그러니까 2022년도까지의 주가 흐름을 알 수 있다. 1900년부터 2022년까지 120여 년 동안 미국 시장은 어떻게 되었을까? 중간에 하락하는 구간이 있긴 했으나 결론적으로 그래프 전체를 놓고 보면 지속적으로 우상향했다는 것을 알 수 있다. 그렇다면 앞으로의 120년은 어떻게 될까? 나는 당연히 이전과 변함없이 우상향하는 형태를 띨 거라고 믿는다. 4차 산업혁명이 시작되었기 때문이다. 만일 3차 산업혁명이 계속된다고 하면 우상향에 대해서 확신하기는 쉽지 않다. 더는 발전할 것이 없는 사회라면 지속적인 상승을 기대하기 어렵기 때문이다. 하지만 앞서 말했듯 인류 역사상 가장 혁명적인 변화가 지금 시작되고 있다. 그리고 그 혁명의 최선두에는 미국이 있다.

1900년도를 한번 상상해보자. 에디슨이 이제 막 전기를 발명해서 거리에 가로등이 켜지고, 부잣집 사람들이 백열등을 켜고 사람들을 초대해 파티를 한다. 그리고 근대적 대량생산 방식으로 자동차 시대를 개척한 헨리 포드Henry Ford가 첫 포드차를 출시했다. 그때는 도로에 자동차가 즐비하고, 전기로 청소나 세탁 등

온갖 집안일을 하는 세상을 상상하지 못했을 것이다. 그리고 이제 전기차가 상용화되는 시대를 앞두고 있다. 인터넷이 처음 세상에 선보였을 때를 생각해보라. 지금과 같은 시대가 올 줄 누가 알았겠는가.

현재 전 세계 대부분의 자동차는 가솔린과 디젤로 움직인다. 그런데 2022년에 들어서 조 바이든Joe Biden 미국 대통령은 전기자동차 충전소 확대를 위해 5년간 50억 달러, 우리 돈으로 약 6조 원을 지원하겠다는 방침을 발표했다. 전기차 분야에 지원하는 예산 규모를 이전보다 다섯 배나 늘린 것이다. 그뿐이 아니다. 전기차 배터리 제조에 필수적인 광물 개발을 위한 지원도 늘리고 있다. 조 바이든 대통령은 자신을 '전기차 옹호론자'라고 밝히며 공격적인 친환경차량 정책을 펼치는 중이다. 유럽이나 중국도 전기차 시장에 열심히 열을 올리고 있다. 중국의 전기차 시장 규모 역시 미국 못지않다. 우리나라는 어떤가. 대한민국에서도 전기차 도입 비율이 늘어나고 있다. 아파트마다 주차장에 전기차 충전소 설치가 의무화되었다. 자동차 하나만 놓고 봐도 어마어마한 변화가 일어나고 있다. 현재 전 세계적으로 자동차가 1년에 9천만 대 정도가 팔리는데, 미래에는 전기차가 매년 9천만 대씩 팔릴 수 있다.

이 새로운 산업 하나만 봐도 앞으로 얼마나 폭발적으로 성장할지 눈에 보인다. 전기차뿐이 아니다. 5G, 6G도 있다. 6G는 5G 대비 50배 빠른 전송률을 목표로 하는 통신 기술로 현재 미국, 중국, 한국 등 주요 국가가 연구 중이다. 우주, 항공, 클라우드 등 이제 다 시작 단계이다. 물론 핵전쟁이 일어나서 다 망할 수도 있다. 아직도 세계 곳곳에서는 크고 작은 전쟁이 끊임없이 벌어지고 있기 때문이다. 하지만 그런 극단적인 상황까지 생각할 필요는 없다. 만일 전쟁에 대한 두려움과 공포가 크다면, 지금부터 땅을 파고 지하벙커를 만들거나 지하도시를 건설해야 한다. 그런다고 하더라도 멸망을 막을 수는 없을 것이다. 이건 우리가 노력한다고 해서 막아지는 것도 아니고 대비한다고 피할 수 있는 것도 아니다. 그런 일이 일어나게 된다면 운명을 받아들이는 수밖에 없다. 현재로서는 자본주의의 발전을 믿고 거기에 투자하는 게 훨씬 더 유익하고 가능성도 더 높다.

미래는 우리가 상상하는 것 이상으로 발전할 것이다. 지난 120년의 그래프 뒤에 전례 없는 상승의 그래프가 다시 그려질 것이다. 이런 시대이기에 우리는 4차 산업혁명 시대를 선도해 나가는 미국 기업에 올라타야 한다. 미국의 우량 IT기업에 투자해야 하는 이유가 바로 여기에 있다.

우리가 투자하는 이유는 부자가 되기 위해서이다. 예전에는 열심히 돈을 모아 부자가 되는 삶이 가능했을지 모른다. 하지만 지금은 다르다. 그냥 월급을 차곡차곡 모아서는 부자가 될 수 없다. 미국의 우량주식이 우리에게 비약적인 부를 선사해줄 것이다. 앞으로 이루어질 폭발적인 우상향의 그래프를 남의 일 보듯 흘려보내면 안 된다. 그 그래프에 하루빨리 올라타야 한다.

부자 수업 02

인플레이션 시대에도 투자는 계속되어야 한다

미국은 세계 경제의 핵심이다. 만일 미국이 저금리 상태라면 투자자들은 달러를 미국에 묶어놓지 않는다. 좋은 투자처를 찾아 달러를 신흥국으로 흘려보낸다. 우리나라 주식시장에도 들어오고, 대만이나 홍콩, 태국에도 들어간다. 그 덕분에 세계 경제가 원활히 돌아간다. 미국이 저금리 상태일 때 우리나라의 주가도 오르고 부동산도 많이 올랐다.

그런데 미 연준이 인플레이션을 잡기 위해 기준금리를 올리면 상황은 돌변한다. 투자자 입장에서는 굳이 불안한 신흥국에 돈을 맡길 이유가 없어진다. 신흥국에 투자했던 달러를 싹 빼서 이자가 높은 미국으로 가져간다. 국내 주식시장에서 외국인 투자자들이 썰물처럼 빠져나가면, 우리나라 주식시장에는 그야말로 찬바람이 분다. 외국인 투자자들이 원화를 달러로 바꿔 자국으로 돌아가고 그 과정에서 달러의 수요는 폭발하고 원화의 공급은 많아진다. 그런 까닭에 환율이 급격히 오른다. 미국이 금리 인상을 하면 어느 곳에선가는 대가를 지불해야 한다. 세계의 어느 나라에서는 외환위기가 터진다는 것이다. 우리나라 주식시장은 미국 증시의 영향을 강하게 받는다. 밤새 나스닥 지수가 오르면 다음 날 국내 주식시장에는 빨간불이 들어오고, 반대로 나스닥 지수가 떨어지면 다음 날 국내 주식시장은 온통 시퍼렇다. 그런 까닭에 미국의 인플레이션이 미국 주식시장뿐 아니라 우리에게 어떤 영향을 주는지 제대로 이해하고 넘어가야 한다.

폭락의 전조가 와도 우량주식은 팔지 마라

인플레이션이 발생하면 화폐가치가 하락하는 반면, 부동산이나 주식 같은 투자 자산의 가격은 올라간다. 현금은 물가 상승으로 손해를 보는 마당이니, 차라리 현금 가치를 보존하기 위해 사람들은 부동산이나 주식을 사들인다. 값이 더 떨어지기 전에 물건을 사든 땅을 사든 무엇이든 사놓아야 안심이 되는 것이다. 그런 까닭에 시중에 돈이 많으면 많을수록 주가가 오르게 된다.

그레이엄은 인플레이션으로 주가가 급등할 때 주식시장에서 지혜롭게 대처해야 한다고 당부한다. 인플레이션이 왔다고 무조건 주식, 부동산에 뛰어들면 안 된다는 것이다. 이 시기 한몫 잡겠다는 마음으로 가진 돈을 주식시장에 다 넣었다가는 굉장히 오랜 시간 고난을 겪을 수 있다고 한다. 그레이엄은 인플레이션 시기에 주가가 오른다면, 머지않아 분명 주가 폭락이 올 수 있으므로 망설이지 말고 얼른 이익을 실현해야 한다고 이야기한다. 자칫 판단을 잘못하여 계속 주식을 사 모으면 이후 폭락이 찾아왔을 때 걷잡을 수 없이 손해를 볼 수 있다는 것이다. 잠시 주가가 하락하는 정도가 아니라 1929년 대공황처럼 25년에 걸친 대폭락기가 찾아올 수도 있기 때문이다. 8만 원에 산 삼성전자 주식이 어느 날 갑자기 4만 원이 되고, 이후 다시 8만 원이 되기까지 최장 25년이 걸릴 수 있다는 것이다.

하지만 과연 1929년 같은 대공황이 우리 인생에 찾아올까? 물론 얼마든지 찾아올 수 있다. 그런데 대공황을 가정하고 투자를 한다면 그 투자는 장기적으로 실패할 수밖에 없다. 투자란 기본적으로 자본주의의 우상향을 믿는 사람에게 유리하게 짜여있기 때문이다. 물론 벤저민 그레이엄이 활동했던 시기에는 대공황을 가정하고 투자하는 것이 맞았을 수도 있다. 그때는 실제로 대공황이 발생했었으니까 말이다. 하지만 벤저민 그레이엄 사후의 투자 역사를 보면 틀렸다고 말할 수밖에 없다. 인플레이션 이후에 금리 인상 등으로 주가 폭락이 반복되었지만 그때마다 생각보다 빨리 주가가 회복되었고 다시 우상향을 했기 때문이다. 만일 지난 70년 동안 미국 주식시장에서 주가 폭락을 예측하고 미리 주식을 팔아버렸다면 단기적으로는 돈을 벌 수 있겠지만 다시 그 주식을 사려면 더 많은 돈을 지불했어야 했을 것이다. 즉, 우량주식을 가지고 있다면 고점이 왔다고 팔 것이 아니라 그냥 가지고 있는 게 장기적으로 이익이다. 시간이 지나면 다시 전고점을 지나 우상향할 것이기 때문이다. 금리 인상 이후 인플레이션이 잡히면 미국 주식은 정말 빠르게 반등할 것이다. 전고점을 회복하고 갑자기 미친 듯이 오를 것이다. 확 떨어졌다가 갑자기 회복해서 다시 정신없이 오르다가 떨어지고 오르기를 반복하는 게 바로 미국 주식시장이다. 역사가 증명해주고 있고, 미래가 증명할 것이다.

우량이 아닌 것은 거들떠보지도 마라

그렇다고 인플레이션으로 주식 가격이 오르고 있는데, 언젠가는 우상향할 것이 틀림없다며 무조건 뛰어들어서는 안 된다. 앞서 말했듯 시간이 지나면 가격이 오르는 것은 확실하지만 그 기다림이 얼마나 걸릴지는 누구도 장담할 수 없기 때문이다. 또 하나, 모든 주식이 시간이 지나면 우상향을 하는 것은 아니다. 우량주식이 아닌 것들은 폭락한 후 아예 다시 회복하지 못할 수도 있다.

코로나 팬데믹으로 돈이 어마어마하게 풀리자 미국에서는 별의별 일이 다 일어났다. 우리나라도 그러했다. 코인이 폭등했고 다들 정신없이 돈을 쏟아부었다. 미술시장이 난리가 나서 전시회만 하면 작품이 순식간에 팔렸다. 1970년대 벤저민 그레이엄의 시대에도 비슷한 일이 일어났다. 돈이 많이 풀리고 인플레이션이 와서 당시 희귀서적의 초판본이나 우표, 희귀동전 등의 가격이 폭발적으로 올라간 것이다.

그런데 거품이 꺼진 후 전통적 개념의 우량 자산이 아닌 것들은 어떻게 되었을까? 그레이엄은 이상한 데 투자한 사람은 모두 망했다고 말한다. 그런 것에 투자한 사람 중에 무사한 사람은 하나도 없었다는 것이다. 돈이 넘쳐난다고 아무 데나 투자하면 곤란하다. 물론 오늘날은 4차 산업혁명 시대이기 때문에 그레이엄 시대와는 다른 흐름이 일어날 수는 있다. 그럼에도 불구하고 우량 자산이 아닌 것들에 대해서는 여전히 조심할 필요가 있다.

특히 코인에 대해서는 할 말이 있다. 나는 코인에 대해서 줄곧 우려를 표명했다. 내 주변의 자산가들은 이미 손을 털고 나왔다고 이지성TV에서 몇 번이고 이야기했다. 내가 코인에 대해 조심해야 한다고 이야기하던 때는 코인에 대한 관심과 열기가 뜨거울 때였다. 그런데 그 후 어떻게 되었는가. 일부 코인은 롤러코스터보다 더 낙차가 심한 폭락을 겪었다. 거대한 규모의 돈이 코인 시장에서 흔적도 없이 사라졌다. 코인에 투자한 수많은 젊은이들이 깊은 절망에 빠졌다. 정말 엄청난 충격이 아닐 수 없었다. 앞으로 코인 시장이 어떻게 될지는 알 수 없다. 다만, 당부하고 싶은 말이 있다. 만일 코인에 투자하겠다면, 한번 베팅을 걸어보겠다면 투자한 돈을 모두 잃는다고 해도 타격을 받지 않을 만큼만 하길 권한다. 아니, 아예 하지 않기를 권한다.

현재 금리 인상으로 미국 주식은 하락을 거듭하는 중이다. 앞으로 더 어려워질 수도 있다. 그렇다면 미국 주식이 1929년 대공황처럼 대폭락해서 난리가 날까? 나는 그렇게 되지는 않을 거라고 본다. 1929년의 미국과 지금의 미국은 확연히 다르다. 그때

보다 미국은 훨씬 더 부강한 나라가 되었고, 시스템도 체계적으로 움직인다. 일시적인 어려움이고, 시간이 지나면 극복될 것이다.

주식시장에는 이 밖에도 다양한 위기가 찾아올 수 있다. 과거 1929년처럼 대공황이 찾아올 수 있고, 전쟁이 일어날 수도 있다. 그럼에도 시간이 지나면 반드시 원상복구된다. 만일 미국 시장에 투자하는 것도 두렵다면 우리나라 주식은 아예 손도 대지 말아야 한다. 현재 주식시장을 보면 확연히 그 인과관계를 알 수 있다. 미국이 기침을 하면 우리나라는 감기에 걸린다는 말이 있는데 바로 그 형국이다. 미국 증시에 찬바람이 감돌면 우리나라 증시는 얼어붙는다. 미국 증시의 사소한 하락이 우리나라 주식시장에서는 큰 충격으로 이어지기도 한다. 미국 시장이 어려움에 처하면 우리나라 주식은 회복이 상당히 어려운 상황에 처할 수밖에 없다.

그런 까닭에 그나마 안전한 투자를 원한다면 미국의 우량주식을 사야 한다. 주식투자에서 가장 안전한 곳, 폭락이 있더라도 가장 빨리 회복하고 다시 우상향하는 시장은 미국 시장밖에 없기 때문이다.

부자 수업 03

전망 좋은 주식에 투자하고 흔들림 없이 보유하라

주식투자는 복잡하고 어려운 듯 보이나 원칙은 간단하다. 자신이 할 수 있는 것과 할 수 없는 것을 명확하게 알고 있으면 된다. 남들이 다 한다고 할 수 있는 것이 아니며, 이론상 가능한 것처럼 보여도 실제 그대로 실행하기는 쉽지 않은 게 바로 주식투자이다.

벤저민 그레이엄이 알려주는 주식 매매를 통해 돈을 버는 방법은 간단하다. 먼저, 주가 지수가 낮을 때 사서 높을 때 팔면 된다. 이건 아주 기본적인 이야기이다. 초등학생도 이해할 수 있는 원리이다. 무릎에서 사서 어깨에서 팔아라. 바로 이 말이다. 주식 차트를 가만히 들여다보면 누구나 이런 매매를 할 수 있을

듯 보인다. 그래서 많은 사람이 이것을 투자의 원칙으로 삼고, 누구나 투자를 잘할 수 있다고 착각하게 된다. 그런데 얼핏 생각하기에 너무 쉬워 보이는 이 방법이 실제로 엄밀하게 수학적 계산으로 돌려보니 절대 그렇지가 않더라는 것이다. 20년 주가 흐름을 놓고 봤을 때 벤저민 그레이엄 같은 수학 천재도 이 간단한 원칙, '무릎에서 사서 어깨에서 파는 것'을 할 수 없었다고 한다. 그 무릎과 어깨 시점은 결과적으로 추후에 발견될 뿐, 정확히 그 시기에 지금이 바로 무릎이니 사자, 지금이 바로 어깨이니 팔자, 이런 판단을 할 수가 없다는 것이다. 그런데 실제 무릎에서 사서 어깨에서 파는 사람들이 있다는 것을 그레이엄이 발견한다. 수학에 놀라운 재능을 가진 사람도 하지 못하는 일을 어떻게 해내는가. 그런 사람들이 어떤 사람인가 궁금해서 관찰해보니, 이들은 특별한 재능이 있는 사람이었다. 축구에 재능이 있는 사람, 노래에 재능이 있는 사람처럼 주식투자에도 재능을 타고난 사람이 있다. 이런 감각, 재능은 연습이나 공부를 통해 길러질 수 없다. 그냥 타고난 것이다. 아, 지금이 무릎이구나. 본능적으로 신호를 느낀다. 어깨가 되었을 무렵 지금이 바로 그 시기라는 것을 알게 된다. 그래서 그 시점에 주식을 사고판다. 이런 것들은 훈련으로 체득되는 것이 아닌 재능의 영역이기에 논의 대상에서 제외해야 한다. 주가가 낮을 때 사서 높을 때 팔아 이익을 챙기는 것은 일반인이 따라할 수 없는 방법이다.

주식은 파는 것이 아니라 보유하는 것이다

또 하나, 신중하게 선정한 성장주를 매수하는 방법이 있다. 바로 우량기업이다. 요즘으로 따지면 애플, 구글, ASML 이런 것들이 성장주이다. 내가 이지성TV를 통해 여러분께 많이 추천했던 4차 산업혁명 관련 대장주들이 대표적인 성장주이다. 그런데 그레이엄은 성장주에는 두 가지 결함이 있다고 한다. 첫째, 실적이 좋아 전망이 밝은 주식은 그만큼 주가가 높다. 미국의 구글, 애플 같은 빅테크 주식은 보통 주가가 고점이다. 이렇게 높은 가격에 주식을 사면 밝은 전망에 대해 이미 가격을 모두 지불한 셈이기에 수익이 그다지 신통치 않다. 둘째, 성장률이 영원히 유지될 수가 없다. 어느 순간 성장률은 둔화하고 하락을 맞이하게 된다. 상당히 현실적인 조언이다. 벤저민 그레이엄의 성장주에 대한 견해는 지극히 옳다.

하지만 지금 시대에는 그레이엄의 생각이 정답이라고 할 수는 없다. 요즘의 성장주는 그레이엄 시대와는 다른 양상을 띠고 있다. 그레이엄이 활동한 시기는 3차 산업혁명 시대였다. 4차 산업혁명 시대의 특징은 기하급수적인 성장이다. 따라서 벤저민 그레이엄의 성장주에 대한 관점은 3차 산업혁명 시대에 국한되어있다. 우리가 시대의 격변기에 있기 때문에 성장주에 대한 관점은 좀더 조심스럽게 접근해야 한다. 4차 산업혁명을 주도하는 빅테크 주식들은 단기적으로 폭락할 때도 있지만 시대를 리드하며 지속적으로 우상향할 거라는 게 나의 견해이다. 벤저민 그레이엄의 견해가 시대의 변화에 따라 정답이 아니게 되었듯이, 나의 견해도 시간이 지나면 정답이 아닐 수 있다. 하지만 현재 상황에서 신중하게 선정한 성장주우량주를 매수하는 것은 어떤 시점에서든 추천할 만하다. 그리고 4차 산업혁명 시디에 끝까지 갈 수 있는 기업의 주식을 보유했다면 어떠한 유혹에도 흔들리지 말고 가지고 있어야 한다. 시간이 지나면 이런 주식들은 엄청난 수익을 가져다준다. 현재 1억 원의 주식이 15년 뒤에 30억 원이, 20년 뒤에는 50억 원이, 30년 뒤에는 100억 원이 될 수도 있다. 물론 이런 기업들도 미래에 얼마든지 경쟁력을 상실하고 2류 기업으로 떨어질 수 있다. 하지만 그 전에 반드시 전 세계에 뉴스로 보도된다. 그때 새롭게 1류 기업으로 올라선 기업의 주식으로 갈아타면 된다. 크게 걱정할 필요가 없다.

주식투자에서 가장 확실하게 성공할 수 있는 비법은 바로 전망이 좋은 주식에 일찌감치 거액을 투자하고 흔들림 없이 보유하는 것이다. 앞으로 잘될 수밖에 없는 주식에 내 재산을 몰아넣고 절대 팔지 않는 것이다. 그런데 일반인은 이렇게 하는 것이 불가능하다. 오죽하면 유럽의 워런 버핏으로 불리는 앙드레 코스톨라니가 "일단 우량주에 투자하라. 그리고 수면제를 먹고 몇 년간 푹 자라."는 말을 남겼을 정도이다. 대부분은 매력적인 매도 기회가 오면 미련 없이 주식을 청산해버릴 것이다. 결과적으로 상당한 이익을 실현할 수는 있지만, 입이 쩍 벌어질 정도의 수익은 내지 못하게 된다.

그러면 이렇게 오랫동안 주식을 보유해서 대박을 터뜨린 사람들은 누구일까? 그 기업과 밀접한 관계가 있는 사람들일 것이다. 기업과 관련이 있기에 폭락의 어려움이 와도 견뎌낼 수 있으며 폭등의 시간이 찾아와도 이익 실현을 위해 주식을 팔지 않고 보유할 수 있다. 대표적으로 떠오르는 사람이 있지 않은가? 바로 삼성의 이건희 회장과 그 일가이다. 이건희 회장은 삼성전자의 주식을 초기부터 가지고 있다가 사후에 자식들에게 물려주었다. 그 결과 어떻게 되었을까? 세계 최고의 대박을 쳤다. 만일 소소한 이익을 얻는 것이 아니라 차원이 다른 부의 세계에 올라타고 싶다면, 미국 우량주식을 사서 계속 가지고 있으면 된다.

워런 버핏이 본격적인 전업 투자자로 주식투자를 한 게 26세부터인데, 버핏이 진짜 부자가 된 것은 50대 이후부터이다. 지방의 흔한 부자에서 세계적인 부자로 거듭난 것이 바로 이 시기이다. 여러분은 장기투자의 힘을 믿어야 한다. 잘될 수밖에 없는 주식을 사서 오랫동안 보유하는 것, 이것만 가능하다면 주식투자에서 실패는 없다.

고수의 그래프에 올라타라

그런데 왜 일반인은 우량주 장기투자가 불가능할까? 주식 매매 과정을 보면, 사람들은 주가가 올라가면 주식을 사러 들어오고 주식이 폭락하면 손을 털고 나가는 것을 발견할 수 있다. 즉, 주가가 고점에서 대폭 하락하게 되면 낮아진 주가에 매력을 느끼고 매수에 열을 올리는 게 아니라 오히려 주식을 불신한다. 그리고 주가가 대폭 올라 사상 최고치를 기록하면 주식이 안전하다고 생각하고 그 상승 그래프에 올라탄다. 주가가 점점 더 오르는데도 돈을 계속 넣는다. 그러다가 주가가 폭락하면 주식을 팔기 시작한다. 그러면서 다시는 주식을 안 하겠다고 다짐한다.

그러다 몇 년 뒤에 주식이 올랐다는 소식을 들으면 또다시 주식을 사러 들어온다. 이게 바로 일반인들이 주식에 투자하는 패턴이다.

예를 들자면 이렇다. 주식시장에서 삼성전자가 10만 원이 되었다는 소식이 전해지면 일반인은 주식투자라는 게 굉장히 매력적이라고 생각하고 주식을 사러 들어간다. 그리고 삼성전자가 5만 원이 되었다는 소식을 들으면 주식은 도박이나 다름없다며 고개를 절레절레 흔들며 다 팔고 떠난다. 일반 투자자는 이런 행태를 계속 반복한다. 그런 까닭에 장기적인 우상향 곡선에서도 돈을 잃게 되는 어이없는 일이 벌어진다. 오를 때 샀다가 내릴 때 팔아버리니 계속 돈을 잃을 수밖에 없다. 이런 사람들은 영원히 가난해지는 뫼비우스 띠를 돌고 있는 셈이다. 최근 코로나 팬데믹 기간의 주식시장에서도 이와 똑같은 일이 벌어졌다. 주식이 폭락하자 매수를 위해 들어온 사람들도 있었지만, 올라갈 때 매수하는 사람들이 더 많았다. 그러다 조금만 떨어지면 바로 다 팔아버리고 떠났다. 그러다 보니 주식이 호황이라던 그 시기에 주식 투자자의 평균 수익률이 -1.5%였다. 다들 주식을 사서 어느 정도 상승의 맛을 보기는 했다. 막 오를 때 들어와서 약간의 수익을 맛본 것이다. 그러다가 어느 날 주가가 뚝 떨어지자 정신없이 팔아치운 것이다. 오를 때 사고 조금 떨어지면 파는 식으로 투자를 하게 되면 결국 수익률이 마이너스가 될 수밖에 없다. 이것이 일반인의 현실이다.

주식의 고수들은 정확히 반대 그래프를 탄다. 주식이 폭락하면 들어가서 부지런히 주식을 사 모으고 고점이 되면 가지고 있던 주식을 처분한다. 이 패턴을 반복한다. 그런 까닭에 고수들의 수익률은 굉장히 높다. 이걸 일상적으로 해내는 사람들을 '공격적 투자자'라고 한다.

얼핏 생각하면 쉬울듯하지만, 일반인에게는 거의 불가능한 일이다. 원칙을 이해한다고 해도 이 방법을 따라할 수는 없다. 몇 번은 성공할 수 있을지 모른다. 하지만 매번 이런 방법으로 성공해내기 위해서는 하루 종일 모니터를 들여다보고 뉴스를 체크해야 한다. 밤에는 미국 주식시장을 보고 낮에는 한국 주식시장을 봐야 한다. 그 정도로 집중하여 차트를 10년 정도 들여다보면 어느 정도 저점과 고점을 판단하여 매매할 수도 있을 것이다. 부와 건강을 맞바꿀 준비가 되어있다면 도전해도 좋다는 의미이다.

벤저민 그레이엄은 투자 종목을 잘 선정해서 적정 가격에 매수하고 주가가 고점에 도달하면 팔고 나오는 이런 방법은, 평범한 투자자가 절대 할 수 없는 일이라고 못 박고 있다. 이것은 마치 돈이 열리는 나무를 찾아내는 것과 같은 일이다. 돈이 열리는 나무를 본 적이 있는가? 아프리카 밀림을 헤치고 다니며 나무 한 그루를 발견했는데, 그 나무에서 달러가 막 열린다. 그 옆에는 엔화가 열리는 나무가 있고 그 옆에는 원화가 열리는 나무가 있다. 가능한 일인가? 이런 나무는 없다. 불가능한 일이라는 것이다. 결론은 당신이 평범한 투자자라면, PER Price Earnings Ratio, 주가수익비율이 적정 수준인 대기업 주식을 사서 소소한 수익을 내는 걸로 만족해야 한다는 것이다. 애플 같은 주식을 사서 그냥 가지고 있으라는 말이다.

벤저민 그레이엄은 투자를 통해 돈을 벌기 위해서는 '탐욕'과 '공포'를 극복해야 한다고 강조하고 있다. 하지만 그레이엄은 대부분의 사람이 이것을 극복하지 못한다고 말한다. 왜냐하면 인간의 본성을 거스르는 일이기 때문이다. 배가 고픈데 밥을 먹지 않고 견딜 수 있을까? 맛있는 음식이 눈앞에 있는데도 침만 꼴깍 삼키고 견딜 수 있을까? 이것은 쉽지 않은 이야기이다. 주식 고수들은 이 탐욕과 공포를 이겨낸 사람들이다. 폭락의 두려움을 견디고 시장에 들어가 주식을 매입하고, 눈앞에 닥친 이익을 실현하고 싶은 탐욕을 이겨내고 주식을 오랫동안 지켜낸 것이다.

그런 까닭에 벤저민 그레이엄은 고수가 아닌 사람들은 겸손해야 한다고 말한다. 우리는 주식시장에서 탐욕과 공포를 극복할 수 없다. 가격이 조금 오르면 한없이 설레고, 가격이 폭락하면 깊은 절망감에 파묻히고 만다. 전문가가 아닌 까닭에 시장 상황을 살피며 주식을 사고판다거나 포트폴리오의 비중을 현명하게 조절하는 것 또한 불가능하다. 그러니 우리는 편안하게 우량주식을 꾸준히 매입하는 게 최선이다. 이게 벤저민 그레이엄이 100년의 주식시장 역사를 통해 우리 같은 일반인에게 주는 현실적인 조언이다.

주식은 오래 보유한 사람이 이기는 게임이다

주가가 하루 이틀 떨어졌다 올랐다 반복하는 것이 아니라 오랜 기간 계속 하강 곡선을 그리게 되면 이야기는 조금 달라진다. 장기간에 걸친 하락장에서는 공부를 많이 한 투자자라도 마음이 흔들리게 된다. 굳건한 마음의 소유자라면 하루하루의 주가 변동이나 한 달 단위의 움직임에는 크게 흔들리지 않을 것이다. 하지만 장기간 계속된다면 어떨까. 예를 들어 1년 이상 주가가 반등의 기미 없이 계속 저점을 찍고 있다면 평정을 유지할 수 있을까?

2000년대 초반 미국 주식은 대폭락했고 그게 오랜 기간 이어졌다. 아무리 마음을 다잡는다고 해도 이런 시기에는 어쩔 수 없이 흔들리게 된다. 진지한 투자자라도 억눌렸던 인간 본성이 터져나오게 되는 것이다. 대중의 불안, 의심, 공포에 휩쓸리게 된다. 지혜로운 투자자도 주식시장이 폭등하거나 폭락하면 그토록 멀리했던 대중 속으로 들어가 대중과 함께 널뛰기를 하게 된다. 깊은 바다에서 고요히 지내던 사람이 갑자기 표면으로 나와 팔딱거리기 시작한다. 이게 바로 벤저민 그레이엄이 지난 70년 동안 본 주식시장의 모습이다.

대중의 광기에 휩쓸리지 않으려면 상당한 의지력이 있어야 한다. 그래서 벤저민 그레이엄이 《현명한 투자자》나 《증권분석》 같은 책을 쓰지 않았나 싶다. 가격이 떨어지면 지나치게 불안해하고 다시 오르면 과도하게 환희에 차는 사람들의 모습을 보며, 제발 부화뇌동하지 말고 차분하게 시장을 바라보라는 이야기를 하고 싶었던 것이다. 주변 상황에 지나치게 귀 기울이지 말고 투자의 고전을 읽으면서 본인의 투자 철학과 원칙을 끊임없이 점검하라고 말이다.

벤저민 그레이엄이 평생 미국 주식시장을 보면서 깨달은 것은, 일반인이 제일 따라하기 어려운 투자기법이 '우량주식 장기투자'라는 것이다. 사놓고 가만히 있기만 하면 되는데 대체 왜 이것이 가장 어려운 투자법이라고 하는 것일까? 어느 날 주변에서 이런 말들이 들려온다. '테이퍼링이 다가온다. 외국인들이 다 던지고 떠나간다. 이제 주식시장이 위험해진다. 앞으로는 떨어질 일만 남았다. 지금 팔아야 한다.' 그러면 사람들의 마음은 요동치기 시작한다. 이런 말들은 귀에 쏙쏙 들어온다. 마치 족집게 과외교사가 핵심만 짚어주는 느낌이다. 게다가 이런 이야기는 굉장히 자극적이고 귀중한 정보처럼 느껴진다. 가슴이 두근거리며 나도 지금 팔아야 하나 고민하지만 선뜻 행동하기 망설여질 때 이런 사람이 나타난다. '나는 오늘 물량 털었어. 지금이 매도 타이밍인 것 같아.' 어떤가? 옆에서 보기에 상당히 현명하고 결단력 있어 보인다. 뭔가 그럴싸한 느낌이 드는 것이다. 꽤 오랫동안 평정을 지켜온 사람들도 이쯤 되면 가만있기 어려워진다. 손해를 보더라도 옆 사람을 따라 보유한 주식을 팔아버리는 것이다. 하지만 이런 이야기에 귀를 기울이고 주식을 샀다 팔았다 하게 되면 결국 강세장이 펼쳐지는 가운데서도 손해를 보게 된다.

이지성TV에서 내가 늘 당부하는 말도 우량주식은 그냥 가지고 있으라는 것이다. 여타의 채널에서 시장이 심상치 않으니 얼른 가지고 있는 물량을 내다팔라고 할 때도 나는 우량주식은 가지고 있으라고 이야기했다. 자극적인 이야기에 휩쓸려 사고팔고 하다 보면 결국 손해를 볼 수밖에 없다. 투자는 심플하다. 시장의 흐름에 주가를 맡기고 가만히 오랫동안 가지고 있는 사람이 이기는 게임이다.

절대 실패하지 않는 방법을 믿고 따르라

그레이엄이 말하는 절대 망하지 않는 투자법이 하나 있다. 우량주식을 매달 꾸준히 적금을 넣듯이 사는 기법이다. 투자자가 매월 똑같은 금액을 투입하여 주식을 매수하는 것이다. 주식시장에 갖가지 공식이 등장하고, 단기간에 돈을 번 사람들이 자기만 따라하면 떼돈을 벌 수 있다고 주장하는 가운데 정말 오랫동안 아무도 손실을 보지 않은 기법은 이것뿐이다. 이것은 주가에 상관없이 매달 고정된 금액을 투자하는 안정적인 방법이다.

내가 매달 주식에 넣을 수 있는 여윳돈이 50만 원이라면, 그 한도 내에서 매달 정해진 주식을 사는 것이다. 값이 오르든 내렸든 상관없이 똑같은 금액으로 주식을 산다. 예를 들어 애플 주식이 10만 원이라면 50만 원으로 다섯 주를 살 수 있다. 만일 올라서 25만 원이 되었다면 두 주를 살 수 있다. 이 방법은 주가가 매우 높을 때 집중 투자하지 않도록 해주며, 주가가 낮을 때 상대적으로 많은 주식을 사서 평균 단가를 낮출 수 있게 해준다. 좋은 방법 아닌가. 이 방법은 주식을 살 때 매매시점을 선택하기 위해 오랫동안 그래프를 들여다볼 필요가 없다. 자기 일을 열심히 하다가 매달 같은 시기에 같은 금액으로 정해진 주식만 사면 된다. 그레이엄은 다른 쓸데없는 공식을 따라하지 말고 이 방법대로 우량주식에 매달 꾸준히 정해진 금액을 장기투자하라고 조언한다. 자신이 월 스트리트에서 70년 넘게 있으면서 수많은 공식이 깨지는 걸 지켜봤지만, 이것만은 실패한 적이 없다고 말이다. 이 투자 방법으로 미국의 우량주에 투자한다면 자신도 모르는 사이에 엄청난 수익을 낼 수 있으며 분명히 노후에 풍족한 삶을 누릴 수 있다.

부자 수업 04

투자와 투기를 구분하라

요즘 많은 사람이 주식시장에 뛰어들었다. 대부분은 돈을 잃었을 것이고, 더러 돈을 번 사람도 있을 것이다. 사람들은 주식을 사면서 자신을 '투자자'라고 정의하는 데 한 치의 머뭇거림도 없다. 그 누구도 자신이 '투기'를 하고 있다고 생각하는 사람은 없을 것이다. 하지만 벤저민 그레이엄이 정의한 바에 따라 엄밀히 구분하자면 대부분의 사람은 투자가 아닌 투기를 하고 있다.

아이러니하게도 사람들은 주가가 매우 낮을 때는 주식을 위험하다고 간주하여 '투기'로 취급하고, 주가가 믿을 수 없는 수준까지 상승하게 되면 주식에 '투자'하는 것이 굉장히 안전하다고 생각한다. 가격이 말도 안 되게 치솟았는데도 주식을 사면서 투자를 한다고 생각하는 것이다. 수많은 사람이 주식시장에 뛰어들었다가 손해를 본 이후에도 자신이 투기를 했다고는 생각하지 않는다. 투자와 투기, 이 두 단어를 헷갈리게 사용하다가는 나중에 큰 손실을 볼 수도 있으니 반드시 정의를 명확하게 해야 한다.

투기하지 말고 투자하라

투자의 가장 기본 원칙은 '원금을 잃지 않는 것'이다. 주식이든 부동산이든 원칙은 같다. 원금을 잃게 된다면 그것은 더는 투자가 아닌 투기가 된다. 또 하나, 일정 정도의 수익이 나야 한다. 원금을 잃지는 않았지만 수익이 나지도 않았다면 그것 또한 투기나 다를 바가 없다. 주식시장에 들어갔다가 하락장에서 마음고생을 크게 한 뒤 원금을 회복하자마자 바로 팔아버리는 사람들이 있다. 이런 사람들도 원금을 잃지는 않았지만 그렇다고 투자를 했다고 할 수는 없다. 투자를 한다는 것은 철저한 분석을 통해 원금을 안전하게 보호해야 하며 거기에 일정 정도의 수익이 있어야 한다. 이 요건을 충족하지 못한 것은 모두 투기이다. 투자와 투기에 대한 구분은 상당히 중요하다. 이를 정확히 구분해야 무분별하게 투자라는 명목으로 돈을 쏟아붓지 않기 때문이다.

주식의 속성에 대해 한번 생각해보자. 아무리 안전한 투자를 하더라도 우리는 손실을 입을 수 있다. 우리는 이 가능성을 늘 염두에 두어야 한다. 아무리 전도유망한 우량주식을 샀다고 해도 폭락할 가능성은 항시 존재한다. 떨어질 가능성이 없는 주식은 존재하지 않는다. 또한, 끈질기게 기다려서 주가가 폭락하는 위험이 사라진 시점에 주식을 사는 것도 불가능하다. 따라서 주식투자에서는 일정 정도 투기적 요소가 있을 수밖에 없다. 다만, 이 투기적 요소를 최소화할 수는 있다. 투자를 하기 전 위험한 요소를 가장 낮은 수준으로 만드는 것이다. 철저한 분석을 통해 위험을 최소화한다면 안전하게 주식투자를 할 수 있다.

투자에도 현명한 투자가 있고, 어리석은 투자가 있다. 가장 어리석은 것은 투자라고 착각하면서 투기를 하는 행위이다. 지식과 능력이 부족한데 본격적으로 투자를 하는 행위, 즉 잘 알지도 못하면서 다른 사람들이 주식을 사니까 따라서 사는 행위나 종목에 대해서 잘 알지도 못한 채 거액을 쏟아붓는 행위, 이런 게 모두 어리석은 투자라고 할 수 있다. 주식에 대해서는 별 관심도 없고 공부도 하지 않다가 갑자기 주식이 오른다, 코인이 오른다는 소리에 아무 준비 없이 그 시장에 들어가는 경우가 많다. 이런 것은 투기와 다를 바가 없다.

생각해보라. 시험공부를 하나도 안 하다가 갑자기 이번 기말고사에서 1등을 하겠다는 마음가짐만으로 1등을 할 수 있을까? 오지선다형 문제가 나올 줄 알고 시험장에 갔더니 논술 문제가 나와 백지를 내고 오는 상황이 벌어질 수도 있다. 이런 태도로는 무엇을 해도 잘되기 어렵다. 사업을 해도, 예술을 해도, 운동을 해도 성공할 수 없다. 주식에 대해 잘 모르는데 남들이 주식으로 돈을 벌었다고 하니, 대출까지 받아 국내 주식 중에 사람들이 가장 많이 산다는 삼성전자 주식에 올인한 경우를 생각해보자. 본인은 투자라고 생각하겠지만 이런 행위는 투기나 다름없다. 또 감당하기 어려울 정도로 큰돈을 동원하는 것, 일반인이 레버리지leverage, 차입금 등 타인의 자본을 지렛대처럼 이용하여 자기 자본의 이익률을 높임를 과하게 쓰는 것 등은 어리석은 행위이다. 이런 행동은 절대 해서는 안 되는 일이다.

인기종목을 큰 의심 없이 매수하는 것도 도박과 다를 바 없다. 여기서 말하는 인기종목은 우량주식이 아니다. 갑자기 나타나 인기몰이를 하는 그런 주식들이다. 한때 매스컴을 떠들썩하게 했던 신라젠이나 신풍제약 같은 주식이 그 예이다. 사람들이 우르르 몰려 가격이 급상승하는 그런 종목들에 큰돈을 투자하는 것은 도박이다.

제대로 된 투자를 위해 끊임없이 공부하라

사람들은 왜 투자가 아닌 투기를 할까? 투기는 매혹적이다. 짜릿한 그 무엇이 있다. 이익을 내는 동안, 주가가 오르는 동안 사람을 흥분시키고 쾌감을 준다. 짧은 시간 안에 부자가 될 것 같은 생각에 다들 몰려드는 것이다. 그레이엄은 투자와 투기에 대해 명확하게 인지하고 있어야 한다고 말한다. 투자인지 투기인지 모른 채 달려들기 시작하면 결국은 투기의 길로 가게 되고, 가진 돈을 다 날리게 될 수도 있다는 것이다.

그렇다면 제대로 된 투자를 하려면 어떻게 해야 될까? 주식을 제대로 분석하면 된다. 재무제표를 보며 자본율, 이익률 등을 정확하게 계산해 현재 주가가 적절한 가격인지, 앞으로 발전 가능성이 있는지 따져보고 주식을 사면 투기적 요소를 가능한 한 배제할 수 있다. 한마디로 요약하자면, 위험성이 거의 없는 좋은 주식을 싸게 사면 된다. 그런데 이게 과연 일반 투자자에게 가능한 일일까? 물론 네이버 등에 나오는 재무제표를 확인하고 분석하는 사람들이 있다. 그런데 인터넷에 나오는 자료를 100% 믿을 수는 없다. 벤저민 그레이엄식 가치투자를 제대로 하려면 내가 직접 발로 뛰어 제대로 된 분석을 해야 한다. 스스로 재무제표를 만들고 기업의 일거수일투족을 분석해가며 주식을 사야 한다. 제대로 된 투자를 위해 이 복잡한 일을 기꺼이 할 의향이 있는가? 주식 하나를 사기 위해 겉으로 나타난 숫자들 뒤에 숨어 있는, 기업의 주당 원래 가치가 얼마인지, 그 기업의 전망이 어떠한지 세세하게 파악하는 과정을 거쳐야 한다면 대부분의 사람은 주식 사는 것을 포기할지 모른다. 우리가 어떻게 기업을 제대로 분석할 수 있겠는가. 수치상으로 접근하는 것은 전문가의 영역이다. 생업이 있는 일반인들이 각종 숫자를 놓고 분석하는 것은 불가능하다. 그렇다고 아예 손을 놓고 있어서는 안 된다. 세밀한 수준의 분석은 할 수 없다고 해도 아무런 준비 없이 기업 이름만 보고, 누가 투자한다는 이야기만 듣고 주식에 손을 대서는 곤란하다.

내가 오랫동안 '4차 산업혁명 시대의 미국 주식'에 대해 이지성TV 멤버십 특강에서 강의한 이유가 바로 여기에 있다. 제대로 된 투자를 위해서는 최소한의 공부를 해야 한다. 우리가 숫자를 따져가며 그 기업을 세세하게 분석할 수는 없어도 총체적 전망은 가능하다. 애플 주식을 그냥 남들이 좋다니까 사면, 그게 바로 '투기'가 되는 길이다. 애플이 어떤 회사인지, 어떤 장점이 있고 앞으로 어떤 사업을 할 건지, 잠재력이 어느 정도인지 공부를 하고 주식을 사야 그나마 '투자'라고 할 수 있다.

벤저민 그레이엄은 시장 흐름을 철저히 분석한 후 거기에 기반하여 투자 전략을 세웠다. 과거의 시장 흐름을 살피고, 그다음 현재 시점의 흐름을 살펴본 후 그 내용을 바탕으로 다시 미래를 예측했다. 과거와 현재, 미래가 단절되어있지 않고 긴밀하게 영향을 주며 연속적으로 흘러가기 때문에 이 흐름을 파악하는 일이 무엇보다 중요하다는 것을 간파한 것이다. 그레이엄은 평생 이런 공부를 했고, 결국 주식의 전설이 되었다. 이 부분은 우리에게 큰 교훈을 준다. 투자 공부를 어떻게 해야 하는가에 대한 좋은 모델이 될 수 있다.

투자하기로 마음먹었다면, 마음먹은 시점부터 시작해 앞으로 5년 정도 시장의 흐름과 자신의 투자 내용을 기록으로 남기는 것이 필요하다. 한국 시장은 미국의 상황에 큰 영향을 받으므로 노트의 절반을 나눠 한쪽에는 한국 경제의 흐름에 대해, 다른 한쪽에는 미국 경제의 흐름에 대해 그 내용을 정리하는 것이다. 5년 후, 그동안 기록을 토대로 내가 투자를 제대로 했는지, 잘못한 것은 무엇이었는지를 파악할 수 있다. 철저한 고찰과 반성의 시간을 가지고 난 이후에는 좀더 효과적이고 안전한 투자 방법을 찾아낼 수 있을 것이다. 그 과정을 통해 우리 같은 일반인도 전문가에 버금가는 혜안을 가지게 될 수 있을 것이다.

부자 수업 05

공포와 탐욕을 이기는 자가 투자에 성공한다

대부분의 사람은 어딘가에서 주식 강의를 듣고 투자를 시작하는 순간 뭔가 다 아는 듯이 행동한다. 처음으로 스마트폰에서 증권사 앱을 다운받아 주식을 샀다. 우연히 내가 산 주식 가격이 계속 오르는 것을 발견한다. 무슨 생각이 들까? '내가 정말 운이 좋았구나.' 생각할까? 아마 대부분의 사람은 그것이 운이 아니라 '그동안 몰랐는데 내가 정말 투자에 소질이 있군.' 하고 생각할 것이다. 종목 하나를 사서 사소하게 금액이 올랐을 뿐인데도 왠지 어깨에 힘이 들어가고 투자에 대해 다 알 것 같은 생각이 든다. 그런데 차분하게 생각해보라. 자신이 주식을 공부하고 투자를 시작한 햇수를 말이다. 만일 1년이라면 당신의 투자 나이는 이제 한 살이다. 2년이라면 두 살이다. 한두 살 어린아이는 어떠한가. 아직 사리 분별을 하지 못하는 나이이다. 그런데도 당신이 산 주식이 오르면 갑자기 주식에 대해 더 배울 것이 없는 것처럼 생각하게 된다. 투자에 대한 그릇된 정의를 세우고 마치 모든 것을 잘 아는 것처럼 행동하게 된다.

이것은 굉장히 위험한 일이다. 초보 투자자가 전문가인 것처럼 투자를 하다 보면 수익률에 연연하게 되고 우량주식이 아닌 비우량주식에 눈독을 들이게 된다. 1~2%의 수익률을 높이려고 원금 손실의 위험을 떠안는 행위를 아무렇지도 않게 하는 것이다. 이것은 굉장히 어리석은 일인데 많은 사람이 이러한 사실을 자각하지 못한 채 그냥 불구덩이에 뛰어든다. 이것은 두사라기보다 투기에 가깝다. 이런 방법으로 주식시장에서 돈을 버는 것은 불가능하다. 원금 손실의 위험을 떠안는 무모한 투자를 하다 보면 결국 돈을 다 잃고 말 것이다.

주식투자를 한다는 것은 단순히 돈을 내고 증권 하나를 사는 것을 의미하는 게 아니다. 어떤 기업을 깊이 들여다보고 그 기업을 사는 개념이다. 단지 주식 종이를 사는 게 아니라 애플이나 삼성전자라는 기업의 일부를 사서 함께 성장하는 것이다. 그런데 주식투자를 무조건 돈을 버는 행위라고만 생각하면 같은 돈을 투자해서 당장 더 많은 이익을 주는 종목에 현혹된다. 내가 가지고 있는 삼성전자 주식이 7만 원이었다가 6만 원으로 가격이 내려갔다. 그런데 듣도 보도 못한 주식이 지난주 1만 2천 원이었는데 이번 주에 2만 원이 되었다. 이 상황이 되면 갑자기 머릿속이 혼란해진다. 삼성전자 수익률이 왜 이렇게 낮지? 내가 한 선택이 과연 맞는가? 유명한 회사보다 유명하지 않은 회사의 주식을 사는 게 주식시장에서는 더 현명한 일인가? 같은 돈을 투자해서 더 많은 이익을 보려면 삼성전자 주식에 들어간 돈을 빼서 수익률이 좋은 저 주식에 집어넣는 것이 맞지 않을까? 이런 생각에 휩싸이게 된다. 그러고는 삼성전자 주식을 팔아 듣도 보도 못한 주식을 사는 것에 그치지 않고 있는 돈 없는 돈을 다 털어 잘 알지는 못하지만 급격한 성장을 하는 주식에 몽땅 돈을 집어넣게 된다. 원금 손실 위험을 떠안는 위험한 거래를 하게 되는 것이다. 정말 어리석은 일이 아닐 수 없다. 투자할 때 절대 본인이 투자에 재능이 있다고 생각하거나 투자로 얼마를 금세 벌겠다거나 하는 생각을 가져서는 안 된다. 투자할 종목을 선정할 때 이 종목이 얼마가 올랐는지, 배당을 얼마 주는지 지나치게 저울질하지 말고 기업 본연의 가치를 보고 투자해야 한다.

건전한 마음으로 투자하라

주식투자를 할 때 그레이엄은 두 가지를 명심해야 한다고 일러준다. 첫째, 본질적으로 건전한 투자 습관을 가져야 한다. 주식을 사서 단숨에 부자가 되겠다고 생각하면 곤란하다. 일확천금을 노릴 것이 아니라 적정한 수익을 목표로 삼아야 한다. 둘째, 월 스트리트에서 인기가 없는 전략을 따라야 한다. 사람들이 우르르 몰리는 곳을 피해 홀로 제 갈 길을 가라는 말이다. 월 스트리트의 수많은 주식 투자자는 하루 종일 차트에 시선을 고정한다. 아침 장이 시작하자마자 끝날 때까지 그 차트의 방향을 살피고 변동의 원인을 분석하려 애쓴다. 그리고 오늘의 주가가 이러했으니 내일의 주가는 어떻게 될 것인가 예측하느라 바쁘다. 이런 전략으로는 성공하기 쉽지 않다. 그레이엄은 주식이 한창 뜨거울 때 잠시 시장을 떠났다가 찬바람이 불 때 시장에 들어가야 한다고 말한다. 이런 인기 없는 전략을 따르는 대표적인 인물이 워런 버핏이다. 버핏은 이런 차트와는 상관없이 자신의 길을 간다. 모두가 공포에 사로잡혀있는 대폭락 기간에 주식시장에 들어가 좋은 주식을 사들인다. 그리고 모두가 주가가 올라 기쁨에 취해있을 때 조용히 파티장을 떠난다. 어떻게 보면 가장 매력적이지 않은 전략이다. 하지만 우리는 이런 투자를 해야 한다.

투자에서 중요한 것은 현란한 법칙이나 이론이 아니다. 현명한 투자를 하기 위해서는 공포와 탐욕에 휘둘리지 않아야 하고, 마음의 평정을 지키고 시장을 철학자의 눈으로 바라볼 줄 아는 능력을 갖춰야 한다.

지금 주식 유튜브를 보라. 마음 관리에 대해서 이야기하는 유튜버는 찾아보기 힘들다. 다들 '시장 상황이 어떻고, 왜 그렇게 되었으며, 앞으로 어떻게 될 것이다.' 이런 이야기를 하느라 정신이 없다. 물론 폭락장에서 너무 낙담하지 말고 마음을 잘 다스리라고 지나가듯 이야기를 한다. 하지만 그것이 본질이라고 말하는 사람은 없다. 시장이 어려운 상황에서도 앞으로 주가에 대한 전망을 늘어놓기 바쁘다. 하지만 워런 버핏의 스승인 벤저민 그레이엄은 투자에서 본질은 마음 관리라고 강조하고 있다. 나 역시 여러분과 가장 깊게 나누고 싶은 이야기가 바로 이것이다. 그레이엄이 우리에게 알려준 투자기법은 이제 많이 달라졌다. 어떤 것들은 지금 상황에 잘 맞지 않는다. 그것은 너무나 당연하다. 벌써 책이 나온 지 50년이 넘게 흘렀으니 달라질 수밖에 없다. 하지만 그레이엄이 목소리 높여 강조하고 있는 마음 관리의 원칙은 전혀 달라진 게 없다. 사람의 본성은 달라지지 않기 때문이다. 주식시장에서 온갖 어려움을 겪던 벤저민 그레이엄은 예상치 못한 커다란 피해를 보는 과정에서도 결국 건전한 투자 원칙을 지켜 그에 상응하는 건전한 실적을 얻었다. 주식시장에서 공포와 탐욕을 이겨내는 것, 그것이 투자의 핵심이다.

벤저민 그레이엄은 '투자자를 위협하는 가장 위험한 적은 자기 자신'이라고 지적한다. 이 점을 몇 번이고 곱씹어볼 필요가 있다. 나 역시 이지성TV를 통해 여러분에게 항상 '마음을 관리해야 한다.'라고 계속 강조하곤 했다. 재무나 회계, 주식시장에 대해 풍부한 지식을 갖추는 것보다 탐욕에 흔들리지 않고 자신을 관리하는 것이 투자에서 훨씬 더 중요하다. 지식이 다소 부족하더라도 마음 관리를 잘한 사람들이 돈을 훨씬 더 많이 벌고 그 돈을 유지할 수 있다.

나는 주식 앱을 거의 들여다보지 않는다. 몇 달에 한 번 열어볼까 말까이다. 내가 산 주식이 현재 수익이 난 상태인지, 손실이 난 상태인지도 확인하지 않는다. 나는 여러분들도 나처럼 주식을 대해야 한다고 생각한다. 내가 주식 가격을 확인하지 않는 이유는 명백하다. 내가 앱을 열어 주식 가격을 확인할 때마다 단돈 100원이라도 오른다면 나는 하루에 몇천 번이라도 열어볼 의사가 있다. 하지만 내가 백만 번을 들여다본다고 해도 주식 가격에는 변동이 없다. 내가 자주 확인하는 것이 주식 가격에 전혀 영향을 미치지 못하는데 무슨 이유로 들여다보겠는가. 나는 주식을 사놓고 거의 아무것도 하지 않는다. 그냥 기다릴 뿐이다. 물론 내 주변에는 주식 가격을 수시로 확인하며 자주 사고파는 등 계속 뭔가를 시도하는 친구들도 있다. 그들과 최종 수익률을 비교해보면 내가 결과적으로 제일 많은 돈을 벌었다. 자꾸 가격을 확인하고 주변 이야기에 집중하다 보면 마음이 흔들리기 쉽다. 신중하게 사놓은 다음에는 주식을 가지고 있다는 사실도 잊어라. 그리고 말도 안 되는 수준으로 주식이 떨어졌다는 이야기가 얼핏 들리면 그때 앱을 열고 여윳돈으로 우량주식을 사 모아라. 그리고 다시 앱을 닫은 후 아주 오랫동안 열어보지 말아라. 훗날 당신은 엄청난 부자가 되어있을 것이다.

주가가 떨어질수록 우리는 부자가 된다

젊은이들이 유난히 좋아하는 테슬라 주식에 대해 이야기를 해보자. 테슬라는 한때 아무도 거들떠보지 않는 주식이었다. 테슬라가 어렵던 시절, 일론 머스크Elon Musk는 애플의 팀 쿡Tim Cook에게 자기네 회사를 인수하라고 제의하기도 했다. 물론 팀 쿡은 이 제의를 거절했다. 그러다 2020년에 갑자기 테슬라의 인기가 치솟아 주가가 미친 듯이 상승하자 사람들은 너도나도 테슬라 주식을 사기 위해 뛰어들었다. 지금은 어떠한가? 테슬라 주가는 전고점에 비해 상당히 하락한 상태이다. 테슬라가 나쁜 기업이라는 것은 아니다. 과도하게 평가된 점은 있지만 분명 전망이 밝은 회사이긴 하다. 다만 지나치게 폭락과 폭등을 거듭하는 주식이기에 예를 든 것뿐이다.

이런 일은 과거에도 있었다. 1929년 그레이트 애틀랜틱 앤 퍼시픽 티Great Atlantic & Pacific Tea Co., 이하 A&P라는 회사의 주식이 갑자기 폭락했다가 1961년에는 불현듯 터무니없는 가격까지 올라갔다. 가격이 폭락했을 때는 아무도 이 기업을 거들떠보지 않았다. 굉장히 헐값에 매물이 나오는데도 그 누구도 관심을 가지지 않았다. 이 회사는 당시 현금도 넉넉했고 순유동자산도 충분했으며 오랜 시간 이익을 유지해온 기업이었다. 그럼에도 사람들은 이 회사에 대해 별다른 흥미를 느끼지 못했다. 그러다 갑자기 가격이 오르기 시작했고, 1961년에는 터무니없는 가격까지 주가가 올라갔다. 주가가 오르자, 이전과는 반대 상황이 펼쳐졌다. 엄청나게 고평가된 것이 분명함에도 사람들은 이 회사의 주식을 사지 못해 안달이 났다. 한 세대 남짓한 기간에 한 기업의 주가가 극단적으로 오르내리며 벌어진 일은 도저히 이해하기 힘들다.

이 기업의 사례는 우리가 주식투자에서 어떤 태도를 가져야 하는지를 잘 알려주고 있다. 주식시장은 때로 터무니없이 움직이므로 지나치게 시장의 목소리에 귀를 기울일 필요가 없다는 것이다.

A&P 주식은 이후 다시 철저하게 폭락했다. 그사이 실적도 좋고 꽤 전도유망했으나 그 열기도 잠시, 폭락하고 만 것이다.

A&P 회사의 사례를 통해 우리는 몇 가지 교훈을 얻을 수 있다. 주식시장은 종종 이해할 수 없는 방향으로 움직이는데 만일 용기가 있다면 이 시장에 들어가 이익을 얻을 수 있다. 우리가 만일 용감한 투자자라면 테슬라 주식이 40달러이던 시절 아무도 거들떠보지도 않을 때 샀다가 천 달러가 되었을 때 파는, 그런 기지를 발휘해 엄청난 이익을 얻을 수 있었을 것이다. 하지만 우리 대부분이 그런 용감한 투자자가 아니라는 게 대단히 유감이다. 또한 갑자기 크게 폭락했다가 다시 폭등하는 이런 주식은 세월이 흐름에 따라 실적이 악화되는 기업이 많다. 테슬라가 그런 주식이라는 말은 아니다. 반복해서 말하지만 그레이엄 시대의 산업구조와 지금 시대의 산업구조는 확연히 다르기에 주가의 패턴도 달라질 수 있음을 알아야 한다.

우리는 현재 주가를 무시할 수 있어야 한다. 주가가 오르든 내리든 신경 쓰지 말아야 한다. 주식은 오를 때도 있고, 떨어질 때도 있다. 이유 없이 오르기도 하고, 이유 없이 떨어지기도 한다. 그런 까닭에 우리는 자신의 철학과 원칙에 따라 주식을 사야 한다. 그렇다면 시장 상황이 어떻게 되든 크게 신경 쓸 필요가 없다. 대폭락의 시간이 다가오면 주가가 떨어졌다고 절망에 빠질 것이 아니라 기쁜 마음으로 시장에 들어가 열심히 저렴한 주식들을 사 모으면 된다. 나는 애플 주식을 가지고 있지만 애플 주식이 더 떨어지기를 기다린다. 많이 떨어지면 떨어질수록 좋다. 주식을 더 많이 살 수 있는 기회이기 때문이다. 생각의 전환이 필요하다. 주식이 떨어진다고, 본인의 자산이 줄어든다고 슬퍼할 필요가 없다. 철학과 원칙이 확실하다면 주가가 떨어질 때가 오히려 더 부자가 될 기회임을 깨달을 것이다.

미스터 마켓의 이야기는 무시하라

그레이엄이 남긴 이야기 중 사람들이 지금도 많이 인용하는 단어가 있다. 바로 '미스터 마켓'이다. 이 사람은 겉으로 보기에 굉장히 친절해보인다. 인상도 좋다. 항상 웃는 얼굴이다. 기분 좋은 얼굴로 매일 당신을 찾아와 어떤 주식의 가격을 이야기해준다. 그 가격에 당신의 주식을 다 팔거나 더 사라고 제안하는 것이다. 그가 제시하는 가격은 회사의 현재 실적과 미래 전망에 비추어보면 어떤 경우에는 아주 적절한 것처럼 보이나 어떤 경우에는 터무니없이 낮거나 높다. 만일 당신이 진정한 투자자라면, 미스터 마켓이 제시하는 가격을 어떻게 받아들일 것인가? 그 가격이 합리적이고 적절하다면, 때로 당신이 생각하는 것보다 더 후하게 가격을 쳐준다면 기꺼이 그 가격에 가지고 있는 주식을 팔아버리면 된다. 반대로 미스터 마켓이 제시하는 가격이 당신이 생각하는 것보다 터무니없이 저렴하다면? 그 가격을 받아들이고 추가로 주식을 사들이면 된다. 즉, 그가 제시하는 가격이 당신에게 유리할 때만 그 가격을 받아들이면 된다. 그렇지 않다면 그냥 무시하면 되는 것이다.

이 미스터 마켓은 누구인가? 바로 주식시장이다. 혹은 주식 투자에 대해 매일 이야기하는 사람들이라고 해도 될듯하다. 주식 시황에 대해 매일같이 떠들어대고 있는 사람들 모두가 미스터 마켓인 것이다. 미스터 마켓은 매일 당신을 찾아와 그날의 주가에 대해 이야기한다. 오늘 호재가 있어서 주식 가격이 올랐다. 이 회사 주식에 관심을 한번 가져봐라. 사지 않아도 좋으니 얼마인지 이야기만 한번 듣고 가라. 이렇게 이야기를 계속 건네는 것이다.

그레이엄은 미스터 마켓의 이야기만 듣고 주식을 사고파는 행위는 굉장히 잘못된 일이라고 말한다. 만약에 그의 이야기를 듣고 가만히 있을 수 없어 무언가 해야겠다면 그대로 따라하는 것이 아니라 그가 말하는 것의 반대로 해야 한다고 말한다. 미스터 마켓이 '지금 주가가 너무 낮다. 삼성전자가 위험하다. 외국인이 떠나고 있다. 다 팔아버려야 한다.' 이런 식으로 불안감을 조성한다면 오히려 삼성전자를 더 사라는 것이다. 반면, '앞으로 이 주식은 더 오를 것이다. 이 주식의 미래는 더없이 밝다. 빨리 이 주식을 더 사야 한다.'라고 말한다면 그때가 매도 타이밍이다.

아이러니하게도 메일메일 주식 방송을 하는 사람들이 나와서 미스터 마켓이란 용어를 소개하며 많은 이야기를 한다. 다들 벤저민 그레이엄을 인용하며 '지금 미스터 마켓이 찾아온 상태이니 조심해야 한다. 흔들리면 안 된다.'며 충고를 한다. 실은 사람들의 마음을 어지럽히고 주식 매매를 충동질하는 그들 자신이 바로 미스터 마켓인 줄도 모르고 말이다.

진정한 투자자가 되기 위해서는 자신의 판단과 성향에 따라 그날 시장 가격을 이용할 수도 무시할 수도 있어야 한다. 중요한 가격 흐름 정도는 파악해야 하지만 그렇다고 가격 등락에 지나치게 마음을 쓸 필요는 없다. 가격이 크게 떨어졌다면 여윳돈을 가지고 들어가 추가로 구매하거나 아니면 잊어버리고 있으면 된다. 어제 얼마였고 오늘 얼마이니 내일은 얼마가 될 것이다. 이런 미스터 마켓의 이야기는 귀 기울여 들을 필요가 없다. 이것이 그레이엄이 미스터 마켓의 예를 들어가며 여러분에게 해주는 값진 조언이다.

부자 수업 06

미국 우량주식이 정답이다

투자에 관한 채널을 접하다 보면 각종 어려운 용어가 무차별적으로 튀어나온다. PER, EPS, PBR, BPS, ROE 등등 암호 같은 단어의 나열이다. 추가적으로 공부를 하지 않으면 도대체 무슨 말을 하는지 알아들을 수가 없을 정도이다. 그런 채널들에서는 수많은 전문 용어를 남발하며 그럴듯한 분석과 계산으로 우리의 눈과 마음을 현혹한다.

그렇다고 주식투자를 하기 위해 증권분석도 배우고, 재무분석도 배워야 하나 보다 생각하면 곤란하다. 이것은 전문가의 영역이다. 이전에 전문가들이 재무분석 하는 것을 옆에서 지켜본 적이 있다. 그들이 웃으면서 '어렵지 않다. 배우면 누구나 할 수 있다.'라고 하길래 정말 그런 줄 알았다. 이 말에 속아 한번 배워 보겠다는 마음으로 그들과 함께 해봤다. 하지만 막상 재무분석이 시작되자 나는 10분도 안 돼서 현실을 정확히 깨달을 수 있었다. 그래서 나는 재빨리 그들에게 안녕을 고하고 돌아왔다. 우리가 직접 재무분석을 할 수도 없고 할 필요도 없다. 우리는 전문가들이 정리해놓은 것들을 보고 이해할 수 있는 정도로 공부하면 된다. 하지만 이조차 쉬운 일이 아니다. 틈날 때마다 재무제표를 열심히 들여다보는 사람들은 아마 숫자를 좋아하는 사람들일 것이다. 재무제표를 이해하고 분석이 가능하다면 투자하는데 분명 어느 정도 도움은 될 것이다. 하지만 재무분석을 하지 못해도 충분히 성공적인 주식투자를 할 수 있다.

증권분석 시도하지 말고 우량주식을 선택하라

우량기업이 아닌 기업을 분석해야 할 때, 예를 들어 신생기업이나 비상장주식에 투자를 할 것인가 말 것인가 결정을 해야 할 때에는 반드시 재무제표 분석을 해야 한다. 하지만 그것을 제대로 해석하기 위해서는 앞서 말했듯 전문적인 기술이 필요하다. 우리 같은 일반인은 그걸 잘할 수 없을뿐더러 그 재무제표를 만드는 과정이 얼마나 투명한지도 알 수 없다. 재무제표를 수치상으로는 파악할 수 있겠지만 정작 중요한 기업의 세부적인 내용을 속속들이 조사하고 파헤쳐서 진짜 가치를 판단하는 일은 쉽지 않다. CEO가 정직하게 회사 경영을 하고 있는지, 장부를 조작해서 뒷돈을 챙기려고 하는지 어떻게 알 수 있겠는가. 회사 경비로 접대비가 엄청나게 잡혀있는데 이것이 진짜 회사 대표가 제대로 쓴 돈인지 아니면 다른 목적으로 쓴 돈인지 거기까지 알아내는 것은 불가능하다. 결국 재무제표를 분석한다 해도 그것을 100% 신뢰하고 투자의 기준으로 삼을 수 있는가에 대한 문제는 또 다른 이야기이다.

그렇다면 우리는 무엇을 보고 투자해야 하나? 잠시 혼란스러울 수 있겠지만 이것은 명백하게 답이 나와있다. 바로 시종일관 내가 부르짖고 있는 미국 우량주식을 사면 된다. 다들 알고 있는 구글, 애플, 존슨 앤드 존슨, 코카콜라 등을 사면 된다. 이런 주식들은 내가 수고스럽게 재무제표를 분석하지 않아도 된다. 이미 전문가들의 분석이 끝난 것이기 때문이다. 몇십 년에 걸쳐 분석한 결과가 우량주식으로 판명된 것이기 때문에 기업 본연의 가치만 보고 투자하면 되는 것이다.

빚이 없는 기업에 투자하라

벤저민 그레이엄은 우리에게 투자 원칙에 대해 정확히 알려주고 있다. 빚보다 현금이 많은 기업, 지금 통장에 현금이 많은 것뿐 아니라 매년 현금을 미친 듯이 창출해내는 기업에 투자하라는 것이다. 이런 경우 그 기업은 경제위기가 터져서 일시적으로 주가가 폭락할 수는 있어도 망할 일은 없다.

되도록 대출이 적은 기업, 대출이 있을지라도 이자를 적게 내는 기업, 이자를 많이 내더라도 돈을 굉장히 잘 벌기 때문에 이자를 내고도 영업이익이 많이 남는, 이런 기업은 어디서 찾아야 할까? 전문적인 공부를 해야 하는 것은 아닐까. 절대 그렇지 않다. 우리가 익히 알고 있는 우량기업들이 바로 그런 기업이기 때문이다. 따라서 이것저것 따지지 말고 우량기업의 주식에 투자하면 된다. 우리나라는 대표적으로 삼성전자가 있다. 2022년 2분기 삼성전자 영업이익은 14조 3천억 원이다. 이것저것 다 빼고 순수하게 남은 액수가 이만큼이다. 괜히 머리 아프게 재무제표를 분석하려 애쓰지 말고 그냥 이런 기업에 투자하면 된다.

애플은 최근 약 100조의 자사주 매입 계획을 발표했다. 자기 회사 주식을 사서 없애겠다는 것이다. 구글 역시 85조 규모의 자사주 매입 계획을 발표했다. 왜 이런 결정을 했을까. 이런 기업들은 보유하고 있는 현금이 정말 많다. 현금이 엄청 많아서 주주들을 위해 자사주의 가치를 올리는 방법으로 시중에 나와있는 자사 주식을 직접 사서 없애버리기로 한 것이다. 그러면 어떻게 될까? 애플이라는 기업은 그대로인데 주식 개수가 줄어들게 되면 자연히 주가는 올라간다. 주주의 입장에서는 회사가 자사주의 가치를 알아서 챙겨주니 얼마나 좋은 일인가. 이런 기업에 투자하면 된다.

빚이 많은 회사의 가장 큰 리스크는 경기 변동이다. 평상시에는 아무런 문제가 없던 기업이라도 1997년 IMF 외환위기 같은 상황을 맞이하면 곤경에 처할 수밖에 없다. IMF때 한국 기업의 3분의 1이 도산했다. 기업이나 나라가 부도가 나는 가장 큰 이유는 대출 관리를 적절하게 하지 못했기 때문이다. 우리나라의 IMF 사태는 간단하게 말하자면 외환 관리를 제대로 못 했기 때문에 벌어진 일이다. 이는 개인이나 기업 모두 마찬가지이다. 벌어들이는 돈보다 빌린 돈이 많으면 경기가 어려울 때 반드시 파산한다. 따라서 주식투자를 할 때 아무리 미래 전망이 밝더라도 현금 창출 능력이 없거나 현금을 쌓아두지 못한 기업은 반드시 피해야 한다. 이것이 바로 벤저민 그레이엄이 '이자보상비율'이라는 어려운 이야기를 하면서 우리에게 알려주고 있는 내용이다. 대출을 제대로 관리하지 못하는 기업, 이자도 제대로 못 내는 기업의 주식은 사지 않는 편이 좋다. 주식시장 역사를 살펴보면 반드시 어려운 때가 도래하는 법인데, 그때 이러한 기업의 주식은 휴지 조각이 될 수 있다.

이런 점들이 우리가 왜 우량주식에 투자해야 하는지에 대한 답이 될 것이다. 주식시장이 강세일 때 우량기업들의 주가는 큰 특이점이 없다. 주가가 순간적으로 대폭등하는 기쁨 따위는 안겨주지 않는다. 심지어 그런 기업에 투자하는 것은 바보 같은 일이라는 비아냥거림을 받기도 한다. 우량주식들은 천천히 오를 뿐이다. 오히려 강세장에서는 듣도 보도 못한 주식들이 엄청나게 오르고 난리가 난다. 하지만 우량기업은 어려울 때 빛을 발한다. 애플이나 구글처럼 현금이 끝없이 쌓이는 기업들은 그 어떤 위기가 터져도 끄떡없다. 애플은 아이폰을 한 대도 못 팔아도, 코로나 같은 재난이 닥쳐 전 세계가 셧다운이 되어 애플 관련 제품이 전혀 팔리지 않아 영업이익이 제로가 되어도 몇 년은 거뜬히 버틸 수 있다.

위기 없이 안전하게 기업을 경영한다면 더없이 좋겠지만 예기치 못한 위기는 반드시 찾아오고야 만다. 이럴 때 현금을 많이 가진 기업들은 그 위기 상황을 잘 넘기고 하위 중소업체까지 인수하여 더 큰 기업이 된다. 코로나보다 더한 사태가 터진다면, 전염병이 아닌 세계 대공황 수준의 재앙이 닥친다면 불황은 5년 이상 지속될 것이고 그런 와중에서도 살아남는 기업은 현금 보유량이 많고 부채가 적은 기업일 것이다. 벤저민 그레이엄의 관점에서 보면 지금 시대의 미국 우량주식이야말로 일반인에게 가장 안전한 투자처이다.

내가 아는 정보는 모두 주가에 포함되어있다

투자자들이 접하는 산업분석 사료의 대부분은 실제로 가치가 거의 없다고 말해도 과언이 아니다. 그런 자료들은 세상이 이미 알고 있는 내용으로 주가에 충분히 반영되어있기 때문이다. 그날의 주식 정보를 전달하는 주식 방송을 굳이 볼 필요가 없는 이유가 바로 여기에 있다.

지식과 정보는 물론 중요하다. 무엇이든 많이 알수록 좋다. 하지만 그 지식과 정보가 내 귀에 들어오기 전에 이미 세상이 그 지식과 정보를 다 알고 있음을 알아야 한다. 우리에게 정보가 들어온 시점에 이미 주가에는 그 내용이 다 반영되어있다는 의미이다. 주식 관련 방송들이 전달하는, 오늘 어떠한 악재가 있었는지, 어떠한 호재가 있을 예정인지 이런 내용은 이미 주가에 다 들어있다. 그 정보를 듣고 서둘러 주식을 사들이거나 혹은 팔기에 이미 주가는 많이 올랐거나, 많이 떨어진 상태인 것이다.

월 스트리트에서는 기업과 주가에 대한 전망 등을 많이 발표한다. JP 모건에서도 발표하고 골드만 삭스에서도 발표한다. 우리나라에서는 주식 전문가들이 이러한 미국 관련 정보를 취합하여 국내 주식시장에 어떤 영향을 미칠지 판단한다. 그런데 벤저민 그레이엄에 따르면, 진짜 제대로 된 정보를 가지고 기업의 미래를 이야기하는 사람이 아무도 없다. 다들 엉터리 자료를 가지고 이야기할 뿐이다. 굉장히 충격적인 말이다. 벤저민 그레이엄에 따르면 한국 유명 주식 전문가들은 물론이고 월 스트리트의 스타 애널리스트들이 다 헛소리이기 때문이다.

경영 능력에 대한 평가도 믿을 것이 못 된다고 한다. 그래서 어떤 기업에 유능한 CEO가 들어온다고 해서 주가가 오를 거라고 기대해서는 안 된다. 스타 CEO가 우리에게 약속해주는 것은 아무것도 없기 때문이다. 무엇보다 그 사람이 경영자로서 어떤 능력을 펼칠지 검증할 수 있는 방법이 없다. 그런 걸 측정할 수 있는 기준도 없고, 측정할 수 있는 능력을 가진 평가 집단도 없다. 결국 우리가 알 수 있는 건 아무것도 없다. 사람들은 신임 CEO가 무슨 큰일을 해낼 것인 양 기대감을 갖고 사들이지만 그것은 옳은 선택이 아니다.

그러면 우리는 어떤 기업을 선택해야 할까? 굉장히 심플하다. 이건 내가 자주 이야기했던 것이다. 여러분은 삼성전자 CEO 이름을 댈 수 있는가? 구글이나 애플의 CEO가 누구인지 아는가? 창업자가 아니라 현재 CEO의 이름을 묻는 것이다. 다들 창업자의 이름은 알아도 현재 CEO의 이름을 아는 사람은 많지 않다. 마이크로소프트의 CEO 이름도 잘 알지 못한다. 이것은 무엇을 의미할까? 그 기업의 시스템이 그만큼 잘되어 있다는 것이다. 시스템이 잘돼 있기 때문에 신임 CEO가 들어와도 그 기업은 계속 잘될 가능성이 높다. 2011년 스티브 잡스Steve Jobs가 세상을 떠났을 때 많은 사람이 애플의 미래를 걱정했다. 애플은 곧 잡스라고 많은 사람들이 생각하고 있었기 때문이다. 잡스가 없는 애플을 상상하기란 쉽지 않았다. 하지만 그런 걱정을 뒤로한 채 팀 쿡이 CEO가 되면서 애플은 오히려 이전보다 더 성장하게 되었다. 제2의 전성기가 열린 것이다. 시스템이 이렇듯 잘 정착된 기업을 가리켜서 무엇이라고 할까? 바로 우량기업이라고 한다. 계속 반복하는 이야기지만 성공하는 투자의 모든 방향은 우량기업을 향하고 있다.

한편 벤저민 그레이엄은 20년 이상 꾸준히 배당을 한 기업을 주목해야 한다고 말한다. 이런 기업이라면 아주 조심스럽고 신중한 투자자라도 충분히 믿고 투자할 만하다는 것이다. 그레이엄의 기준에 부합하는 그런 주식은 어떤 게 있을까? 25년 이상 배당을 늘려온 미국의 배당 귀족주가 있다. AT&T, 셰브론, 엑손모빌 등이다. 50년 이상 배당을 늘린 주식도 있다. 50년 이상 배당을 늘렸다면 벤저민 그레이엄의 기준을 훨씬 뛰어넘은 엄청난 기업들이다. 대표적으로 도버, 아메리칸 스테이츠 워터, 제뉴인 파츠, 프록터 & 갬블이하 P&G 등이 있다. P&G는 내가 늘 추천하는 기업이다. 시가총액이 2022년 7월 현재 450조에 달한다. 대부분의 가정에서 한 개 이상은 사용하고 있을 것이 분명한 질레트 면도기, 페브리즈, 오랄비, 브라운 전동칫솔 등의 소비재를 제공하는 회사이다. 보유하면 후회 없을 최고의 우량주식이다. 에머슨 일렉트릭, 3M, 코카콜라, 존슨 앤드 존슨, 콜게이트 역시 훌륭하다. 50년 이상 배당을 늘린 기업의 주식들은 벤저민 그레이엄이 이야기하는 최고로 안전한 주식이며, 시간이 될 때마다 계속 사면 우리를 부자의 길로 이끌어줄 주식들이다.

이 외에 그레이엄은 정량적 기준을 적용해서 종목을 선정하는 기준 일곱 개를 제시해준다. 첫째, 기업이 충분한 규모가 있어야 한다. 그레이엄은 기업 규모가 크면 클수록 좋다고 했다. 작은 기업들은 실적 변동이 심하기에 잠재력이 높더라도 방어적 투자자에게는 적당하지 않다고 한다. 둘째, 재무 상태가 매우 건전해야 한다. 증권 채널을 보면 1분기 이익이 좋아졌다거나 2분기 이익이 좋아졌다거나 이런 말들을 많이 하는데 그레이엄은 최소 10년 정도의 추세 이익을 선호했다. 셋째, 최근 10년 동안 적자 사례가 없어야 한다. 이 기준에 의하면 테슬라 같은 기업은 제외해야 한다. 테슬라는 2006년 창사 이래 14년 동안 적자였다가 2020년 처음으로 흑자로 전환했다. 그 흑자도 영업이익이 아닌 탄소배출권을 판매해 얻은 결과이다. 하지만 테슬라는 성장 가능성이 매우 높고, 4차 산업혁명의 중심에 있는 기업이다. 그 때문에 이런 정량적인 평가만으로 테슬라가 투자하기 나쁜 기업이라고 말하는 것은 애매하다. 넷째, 최근 20년 이상 연속 배당 지급 실적이 있는가이다. 다섯째는 EPS Earnings Per Share, 주당순이익 10년 성장률이 33% 이상이어야 한다. 여섯째, PER이 15 이하여야 한다. 마지막 일곱째는 PBR Price to Book Ratio, 주가순자산비율이 1.5 이하여야 한다. 이 기준들은 지금 시대에는 조금 맞지 않는다. 최고 우량주식인 애플, 구글도 이 기준에는 맞지 않는다. 그레이엄이 제시하고 있는 종목 선정의 기준은 3차 산업혁명 시대에 맞춰져 있다는 점을 유념하자. 분명 참고할 만한 지점이 있지만 지금 시대에 이런 정량적인 평가만으로 투자 종목을 선정하는 것은 다소 무리가 있다.

부자 수업 07

지식이 아니라 마인드가 부를 가져다준다

투자를 하는 사람들은 모두 돈을 벌고 싶어 한다. 싼 가격에 사서 비싼 가격에 팔아 수익을 내고 싶은 것이다. 매수와 매도의 격차가 크면 클수록 성공적인 투자가 되는 셈이다. 나는 주식 투자를 하는 게 아니라 삼성전자라는 기업의 일부를 사는 거야. 나는 삼성전자와 동업하는 거야. 나는 이 기업을 응원할 거야. 이런 생각으로 주식시장에 들어간다 할지라도 막상 주가가 오르기 시작하면 마음이 흔들린다. 매매를 통해 이익을 실현하고 싶은 욕구에 휩싸이는 것이다. 하지만 우리는 전문 투자자가 아니기에 이런 방식을 짧은 기간에 함부로 실행에 옮겨서는 곤란하다.

벤저민 그레이엄은 주식시장에서 돈을 버는 두 가지 방법으로

'시점 선택'과 '가격 선택'이 있다고 말한다. 시점 선택은 주가가 상승이 예상될 때 미리 주식을 사고, 주가 하락이 예상될 때는 가지고 있던 주식을 판매하는 것이다. 이에 비해 가격 선택은 어떤 시점이든 상관없이 주가가 적정 가격보다 싸면 사들이고 비싸면 팔아버리는 것이다.

이 두 가지 방법 중 시점 선택은 굉장히 위험하다. 시점 선택을 하는 게 무조건 나쁘다고 하는 것이 아니다. 우량주식을 장기 보유하면서 중간에 시점 선택을 통해 주식을 추가 매입하는 것은 충분히 가능한 일이고 주식투자에서 현명한 방법이라고 할 수 있다. 삼성전자 주식을 꾸준히 보유하고 있는데 가격이 하락하는 시점이라면 시장에 들어가서 추가로 더 주식을 살 수 있다. 우량주식은 언젠가는 다시 가격이 오르기 때문이다. 이건 지혜로운 일이다. 하지만 시점 선택을 주식투자의 핵심으로 삼아서는 곤란하다. 시점 선택에만 투자의 초점을 맞추다 보면 자칫 투기꾼이 될 수 있기 때문이다. 투기꾼의 최대 관심사는 주가 흐름을 예측하는 것이다. 주가 흐름이 어떻게 되는지, 오늘 주식은 올랐는지 떨어졌는지, 호재가 있었는지, 지금 외국에서는 무슨 일이 벌어졌는지 이런 모든 상황을 종합하여 주가가 오를지, 떨어질지에만 관심을 갖는 게 바로 투기꾼이다. 많은 사람이 지금 가격이 충분히 낮으니 사야겠다, 가격이 꽤 올랐으니 팔아야겠다, 이런 시점 선택을 중심으로 투자하는데 여기에는 어떤 객관적인 근거도 없다. 그냥 내 감으로 판단하는 것이다. 여기에 주력하면 결국 투기꾼으로 전락하고 만다. 결론은 주식투자를 통해 당장 돈을 벌어야겠다, 이런 마음 자체를 먹지 말아야 한다. 당장 돈을 벌기 위해서는 짧은 기간에 사고파는 것을 반복해야 하는데 그 시점을 제대로 맞춰 이익을 얻는 것은 일반 투자자에게는 불가능한 일이기 때문이다. 몇 번 소소한 수익을 낼 수는 있지만 결국에는 빈털터리가 될 수 있다.

세상 어디에도 쉽고 편안하며 위험 부담 없이 부자가 되는 방법은 없다. 부자가 되는 과정은 매우 어렵고 실패의 가능성이 늘 존재한다. 여기서 말하는 어려움은 과연 무엇을 말하는 것일까? 발이 부르트도록 직접 뛰어다니며 시장 조사를 하고, 주식 종목을 밤새우며 연구하거나 하는 그런 어려움이 아니다. 내 마음의 탐욕을 제어하는 것이 가장 어려운데, 그 어려움을 극복해야 부자가 될 수 있다. 건전한 투자가 투기로 넘어가는 길목에 바로 '탐욕'이 도사리고 있다. 지나친 욕심을 가지고 있으면 투자는 금세 투기로 치닫게 된다.

단 한순간에 빈털터리가 될 수 있다

빌 황Bill Hwang, 한국명은 황성국의 사례는 우리에게 많은 교훈을 준다. 빌 황은 일찍이 월 스트리트에 들어가 보조로 일하면서 2천만 원으로 시작해 22조 원까지 돈을 굴렸다. 그는 20여 년 동안 전혀 위험하지 않았다. 오히려 재산이 기하급수적으로 불어났다. 고국에 와서 문화재단을 세우는 등 성공한 한인 투자자로 이름을 날리기도 했다. 하지만 그는 중국 주식에 단 한 번 잘못 들어가 평생 번 돈을 이틀 사이에 날렸다. 그리고 현재 사기 혐의로 미국 연방검찰의 수사를 받고 있다. 잘못하면 평생을 감옥에서 보낼 수도 있다. 주식이라는 게 이렇게 무서운 것이다. 시세차익을 노리고 주식판에 들어갔다가는 저물녘 서해의 망둑어들처럼 팔짝팔짝 뛰다가 결국 돈을 다 잃게 될 수 있다. 이게 바로 주식투자의 아버지, 벤저민 그레이엄이 늘 강조한 이야기이다. 몇십 년 전에는 지금처럼 주식시장 규모가 크지 않았는데, 그 시절에도 지금과 똑같은 상황이 벌어졌다. 그래서 주식시장에 들어갈 때 마음가짐이 중요하다.

투기꾼이 아닌 투자자의 최대 관심사는 좋은 주식을 적정 가격에 매수해서 보유하는 것이다. 내가 정말 우량기업이라고 판단한 주식이 적정 가격에 도달했을 때 앞으로 가격이 떨어질지,

더 올라갈지 시점을 따지지 않고 매수하는 것이다. 삼성전자나 애플, 구글, ASML, 코카콜라, 존슨 앤드 존슨 등의 주가가 적정 가격에 도달하면 매수해서 장기 보유하는 것이 가장 훌륭한 투자이다. 우량주식을 적절한 가격에 사서 아주 오랫동안 보유하면 누구나 큰 부를 쌓을 수 있기 때문이다.

실패하지 않는 투자 공식은 우량주식의 장기투자뿐

월 스트리트에서 일하는 사람들은 대부분 미국 유수의 명문대학을 졸업한 천재들이다. 그들이 투자에 대해 모두 건전한 철학과 원칙을 가지고 있는 것은 아니다. 그저 시세차익을 노려 돈을 버는 데에만 집착하는 사람들도 많다. 그들은 자신의 똑똑한 머리를 믿고 주가를 예측할 수 있을 거라고 착각한다. 그리고 앞으로 주가가 어떻게 될지 정확히 예측하기 위해 실제로 많은 노력을 기울인다. 기업의 내재가치보다 가격의 흐름에 더 집중하는 것이다. 이들은 단기간에 주가가 더 빠르게 상승할 종목이나 업종에 대해서도 예상을 해보려고 시도한다. 이런 노력이 겉보기에는 대단해보이고 투자에서 성공하기 위해서는 필수적인 것처럼 보인다.

하지만 결과적으로 주가를 예측할 수 있는 사람은 아무도 없고, 주가가 빠르게 상승할 종목이나 업종을 정확하게 골라낼 수 있는 사람도 없다. 어쩌다가 예상이 맞을 수는 있겠지만 틀리는 경우가 허다하다. 주식시장은 그 누구도 예상할 수 없다. 말도 안 되는 이유로 폭락과 급등을 반복하는 것이 바로 주식시장이다. 즉, 이러한 예측을 하려는 사람들은 진정한 투자자라고 할 수 없다. 진정한 투자자는 얕은 바다에 뛰어들지 않는다. 주식을 샀다 팔았다 반복하며 가격 차트에 목숨을 거는 사람들의 마지막은 파멸로 이어질 수밖에 없다. 그냥 마음 편하게 우량주식을 사서 가만히 있는 것이 최선이다. 그 어떤 상황에도 부화뇌동할 필요가 없다. 우량주식일지라도 가격이 올랐다 떨어졌다를 반복하므로 가격이 내려간다고 두려워하지 말고 올라도 흥분할 것이 없다. 애플 주식을 샀으면 주변 사람들이 아이폰을 손에 들고 있는 것을 보며 흐뭇해하면 그만이다.

주식시장을 예측하는 게 전문 투자자들에게도 얼마나 터무니없는 일인지 그레이엄은 '다우이론'을 통해 이야기하고 있다. 1897년부터 1938년까지 다우 지수가 오를 때 사고, 내릴 때 파는 기법, 이른바 추세매매라고 일컬어지는 이 기법은 정말 소수만 알고 있었다. 그러니까 주가 평균이 전고점을 상향 돌파하면, 예를 들어 삼성전자가 전고점 8만 전자를 넘어 9만 전자가 되면 이 시점을 매수 신호로 본다. 주가가 올라가면 이 주가는 상당 기간 계속 올라가기 때문에 그 흐름을 탄다. 반대로 주가가 전저점을 하향 돌파하면 매도 신호로 본다. 삼성전자가 4만 3천 원일 때가 전저점이었는데 4만 1천 원으로 떨어지면 그때 파는 것이다. 그런데 이게 오랜 세월 잘 맞자, 대중들에게 서서히 알려졌다. 그 이후에는 어떻게 되었을까? 예전에는 주식을 투자한 사람 천 명 중 전고점을 돌파해서 주식 가격이 올라갈 때 사는 사람이 100명 정도가 있었다. 그러면 나머지 900명은 가격이 올라가는 것을 보면서도 망설였다. 가격이 오르는데 살지 말지 고민만 할 뿐 선불리 행동을 취하지는 못하는 것이다. 대부분의 사람이 그렇게 지켜만 보고 있는 와중에 몇몇이 주식을 사들이니 가격은 점점 더 올라간다. 그때쯤 나머지 900여 명은 더는 참지 못하고 행동을 시작한다. 모두 달려들어 그 주식을 사는 것이다. 그러다 보면 주식 가격은 더 급격히 올라가게 된다. 그러면 이때 먼저 주식을 샀던 100명은 주식을 팔아 수익을 낸다. 하락장에서도 마찬가지이다. 이들은 전저점을 돌파할 때쯤 먼저 팔고, 한참 후에 나머지 사람들이 정신없이 주식을 팔아치우느라 가격이 하락할 때 다시 그 주식을 사들여 이익을 본다. 당시 이 방법을 반복한 사람들은 모두 확실한 수익을 냈다. 1897년부터 1938년까지는 이 기법이 완벽하게 먹혔다. 하지만 1938년부터는 약간 애매해지기 시작했다. 맞을 때도 있지만 틀리는 경우가 생겼다. 그러다가 1960년대에 들어서면서부터는 이 시점 선택 방법이 100% 틀린 것으로 나타났다. 1960년대부터는 추세매매 기법으로 올라갈 때 사고, 내려갈 때 팔았던 방법보다 차라리 VOO나 SPY 같은 ETF Exchange Traded Fund, 상장지수펀드를 사놓고 아무것도 하지 않은 편이 더 많은 돈을 벌었다.

왜 이런 법칙들이 시간이 지남에 따라 맞지 않는 것일까? 어떤 이론이 과거 통계와 잘 맞아떨어지거나 오랜 시간 좋은 성과를 내면 추종자가 생긴다. 추종자들이 많아지면 그 기법이 세상 사람들의 주목을 받게 되고, 그 추종자가 늘어날수록 그 이론은 점점 들어맞지 않게 된다. 그리하여 이전에는 그 기법을 알고 있는 소수의 사람이 나머지 투자자로부터 수익을 내는 구조였으나, 시간이 지나면서 그 기법을 모두 알아버려 더는 그 방법이 먹히지 않게 되는 것이다.

1949년부터 1950년에 시작된 강세장 초기에 공식에 의한 투자기법이 또다시 유행했다. 벤저민 그레이엄은 이 투자기법도 결과적으로 실패했다고 못 박았는데, 이 방법은 간단하다.

주가가 대폭 상승하면 보유한 주식의 일부를 자동으로 매도하는 것이다. 예를 들면, 주식이 갑자기 10% 상승하면 내 주식의 30%를 판다. 그 후 또다시 10%가 상승했다면 다시 30%의 주식을 판매한다. 그랬는데도 또 10% 가격이 오른다. 그러면 나머지를 모두 팔아치운다. 그 정도 가격이 오르면 주가가 더는 오를 수 없기에 보유했던 수량을 모두 털고 나와도 상관없다고 판단하는 것이다. 당시에는 이 기법이 굉장히 합리적으로 보였고 오랜 시간 그 실적 또한 탁월했다. 하지만 문제는 이후에도 주식 가격이 계속 올랐다는 데 있다. 이미 모든 주식을 팔아치운 상태에서 자신이 매도했던 가격보다 더 가격이 오르면 다시 주식을 살 때 손해를 보게 된다. 만일 주식을 팔지 않고 가지고 있었다면, 훨씬 더 좋은 수익을 낼 수 있었는데 조금씩 오를 때마다 주식을 팔아버려 더는 손에 남은 것이 없게 된 것이다.

내가 2020년 이지성TV에서 강의할 때 언급했던, 한 미국 우량주식이 그러했다. 가격이 계속 올라가니 사람들은 현재가 고점이라고 생각하여 폭락의 두려움을 이기지 못하고 팔려고 했다. 그때 나는 팔지 말고 보유하기를 권했다. 어떻게 되었을까? 팔지 않았던 사람들은 놀라운 수익을 냈다. 그리고 현재 금리 인상으로 인해 미국 주식시장이 폭락 중이어도 여전히 높은 수익률을 기록하고 있다. 두려움을 참지 못하고 팔아버린 사람들은 허탈해질 수밖에 없다. 어느 정도 수익은 냈겠지만 다시 사려고 보니 똑같은 양의 주식을 사기 위해서는 더 많은 돈을 지불해야 한다. 이런 일이 70년 전 미국에서도 벌어졌다.

벤저민 그레이엄은 늘 '무슨 공식을 따라하며 주식을 사고팔지 말라.'고 조언했다. 전문가들의 예측도 들어맞지 않는 판에 일반 투자자가 '지금 주식이 저점이구나. 앞으로는 반등하겠구나.'라고 예측하는 것은 굉장히 터무니없다고 단언했다. 만일 어떤 뚜렷한 신호가 와서 일반 대중들이 앞다퉈 주식을 내던지면 시장에 나와있는 그 많은 주식을 누가 다 사줄 것인가. 주식투자를 할 때 가장 잊지 말아야 할 교훈은 '겸허하게 자신의 주제를 파악하라.'는 것뿐이다. 주식투자를 생업으로 삼고 아이비리그를 나온 진짜 주식 천재들도 시장을 함부로 예측하고 투자했다가 결국 엄청난 손실을 보고 감옥까지 가는 것이 현실이다. 현실은 냉혹하다. 그래서 벤저민 그레이엄은 일반인은 섣불리 주식시장을 예측하지 말고 우량주식에 매달 적립식으로 장기투자하라고 충고한다. 벤저민 그레이엄은 자신이 월 스트리트에 몸담고 있는 동안 유일하게 들어맞은 투자 공식은 우량주식 적립식 장기투자뿐이며, 다른 모든 투자 공식은 결국 시대가 바뀌면서 다 실패했다고 증언하고 있다.

주식시장에서 가장 멀리 떨어져라

증권사 관계자들은 유튜브 채널 등을 통해 여러분을 부추긴다. 여러 가지 요인으로 주식이 앞으로 더 오를 것이라고, 혹은 악재가 겹쳐 가격이 끝도 없이 하락할 것이라고 반복해서 이야기한다. 이야기를 듣다 보면 귀가 솔깃해진다. 그들의 말이 진리처럼 여겨지는 것이다. 하지만 정말 조심해야 한다. 이들이 여러분을 투기꾼으로 몰아가고 있기 때문이다.

증권회사와 투자 자문회사들의 이야기에 지나치게 현혹되어서는 곤란하다. 요즘 많은 사람이 각종 주식 관련 뉴스에 귀를 기울이고, 틈날 때마다 유튜브를 시청한다. 주식에 대한 관심이 높아지면서 관련 채널도 어마어마하게 늘어났다. 물론 이런 다양한 채널을 통해 지식을 얻는 것은 분명 유익한 일이다. 주식이나 경제 관련 지식을 쌓는 데는 이런 매체가 더없이 좋은 수단이다. 단, 지식만 쌓되 거기서 하라는 대로 해서는 곤란하다. 그런 뉴스에 지나치게 몰입하고, 그들이 분석한 결과에 따라 어떤 특정한 시점에 투자하는 것은 투기나 다름없기 때문이다. 그런 방송을 많이 볼수록 벤저민 그레이엄이 말하는 투기로 이어질 위험성이 커지게 된다. 주식 방송이나 증권사의 시황을 전하는 분들을 비난하거나 비판하는 것이 아니다. 그 한계를 이야기하는 것이다.

이런 방송들에 귀를 기울이고 그것을 바탕으로 투자를 하는 것이 왜 위험한지 명백한 증거가 있다. 많은 사람이 주식 관련 방송이나 유튜브를 보며 투자를 시작한다. 한때는 잘돼 돈을 버는 것처럼 보였다. 하지만 결과적으로는 어떻게 되었을까. 코로나 기간 주식시장이 춤을 출 때 우리나라에 동학 개미, 서학 개미가 넘쳐났다. 국내 증권시장은 물론 미국 증권시장까지 진출해 엄청나게 많은 주식을 사고팔았다. 그들이 시장에 들어와 적잖은 재미를 봤을까? 그 사람들의 평균 수익률은 강세장이 펼쳐진 기간에도 마이너스였다. 놀랍지 않은가? 그렇게 장이 좋을 때 돈을 잃었던 것이다. 주식 유튜브 등을 열심히 듣고 따라한 결과 돈을 잃게 된 것이다. 어떻게 해서 이런 결과가 일어났을까. 열심히 시장을 분석하고, 다양한 각도에서 전망했음에도 불구하고 왜 결과적으로 손실을 보게 된 것일까. 여기에 대한 답은 명백하다. 그들은 단기 전망에 현혹되어 조급한 마음에 주식을 오래 가지고 있지 못하고 사고팔았다. 즉, 가격이 상승할 때 올라타고 떨어질 때 팔아버렸던 것이다. 아무리 시장이 좋을 때라도 주식 가격은 올라갔다 내려갔다 반복하게 된다. 이 흐름을 잘못 탈 경우에는 제아무리 주식시장에 축제가 벌어졌다 해도 돈을 잃을 수밖에 없다. 여러분을 부자로 만들어주는 것은 주식 정보가 아니다. 주식시장에 대해 아주 잘 안다고 해서 돈을 벌 수 있는 것도 아니다. 그럼 돈을 버는 사람들은 누구인가? 바로 건전한 투자 마인드를 가지고 있는 사람이다. 지식과 정보가 아니라 마인드가 부를 가져다주는 것이다.

벤저민 그레이엄은 '진지한 투자자라면 주가의 하루하루 변동이나 매달 변동에 의해서 자신이 부유해지거나 가난해진다고 생각하지는 않을 것'이라고 말했다. 이 말을 되새겨볼 필요가 있다. 국내 주식 유튜버의 대부분은 하루하루 변동에 대해 이야기해주고 있다. 이 방송을 열심히 보며 부자가 되기 위한 공부를 하는 거라고 생각한다면 정말 큰 착각이다.

실제 주식시장에서 돈을 버는 사람들은 주식 시황이나 주식 방송에서 멀리 떨어져있는 사람들이다. 워런 버핏이 대표적이다. 워런 버핏의 사무실은 월 스트리트에 있지 않다. 오마하라는 시골 마을에 있다. 버핏은 치열한 주식투자와는 왠지 거리가 있어보이는 한적한 시골 마을에 사무실을 열고 월 스트리트의 목소리에는 귀를 기울이지 않는다. 그런데 신기하게도 월 스트리트에서 쪽잠을 자며 치열하게 주식을 분석했던 사람들보다 더 큰 성공을 거두었다. 월 스트리트를 버리고 시골 마을에 가서 자신의 주식 철학과 원칙을 확립하고 그 길을 쭉 간 결과 오히려 투자에 성공한다는 것이다. 조지 소로스George Soros 역시 전성기에 이르기까지 월 스트리트에 사무실을 열지 않았다. 이유는 단 하나, 월 스트리트는 너무 소란스러워 본질을 파악하는 데 방해가 된다는 것이었다. 바다 표면에서 날뛰는 작은 생선이 아니라 대양을 오가는 고래가 되려면 심해를 들여다보는 안목을 가져야 하는데 월 스트리트에서는 다들 파도만 보느라 정신이 없다. 어제 2미터 높이의 파도가 100번 일었는데 오늘은 200번 일었다. 그렇다면 내일은 대체 얼마나 많은 파도가 칠 것인가? 이런 이야기만 하고 있다. 하지만 위대한 투자자들은 바다 표면이 아니라 심해에 집중한다.

워런 버핏은 그레이엄의 철학을 그대로 실천한 사람이다. 버핏은 애플 주가가 폭락할 때마다 주식을 샀다. 애플 주식이 폭락할 때마다 월 스트리트에서는 애플에 대한 별의별 이야기가 떠돌았고, 《뉴욕 타임스The New York Times》를 비롯한 모든 신문이 애플이 곧 망한다는 식의 기사를 실었다. 하지만 버핏은 애플에 대한 확신을 가졌다. '매스컴에서는 애플이 위기라고 난리지만 사람들은 아이폰에 더 중독되고 있다. 그럼 지금 애플 주식은 바겐세일 기간일 뿐이다.' 그러면서 이런 멋진 말을 남겼다.

"주식투자는 과수원을 사는 것과 같다. 과수원에 태풍이 불어와 사과, 배 농사가 망쳤다고 해서 과수원을 팔아치우지는 않는다. 애플 같은 우량주식은 과수원이나 농장 같은 것이다. 허리케인이 잠깐 분다고 해서 애플이라는 기업은 사라지지 않는다."

버핏은 결국 애플의 실질적인 대주주가 되었고, 애플 주식투자로 천문학적인 돈을 벌었다.

주식 유튜브 등을 절대 봐서는 안 된다는 말을 하는 것이 아니다. 그런 방송들은 현재 주식시장에서 일어나는 상황을 알려주는 것은 물론이고 주식투자에 관한 지식과 정보를 잘 전달해주는 역할을 하고 있다. 투자에 대한 원칙과 철학이 정립된 뒤에 그런 방송을 보면 조금은 유익할 것이다.

부자 수업 08

가장 안전한 방법으로 투자하라

벤저민 그레이엄은 투자자를 '공격적 투자자'와 '방어적 투자자'로 나누었다. 공격적 투자자는 말 그대로 투자를 직업으로 삼고 전투적으로 투자하는 사람을 일컫는다. 슈퍼개미가 대표적이라고 할 수 있다. 방어적 투자자는 공격적 투자자와 반대되는 개념으로, 안정적이고 보수적인 투자를 추구하는 사람을 일컫는다.

공부하지 않은 투자는 위험하다

김봉수 씨는 카이스트 교수 재직 시절, 4억 원으로 주식투자를 시작해서 11년 만에 500억 원으로 불린 것으로 유명하다. 한때 김봉수 씨가 매수하는 종목마다 주가가 급등해서 '김봉수 효과'라는 말이 생기기도 했다. 김봉수 씨가 주식투자를 시작하게 된 계기는 여러 가지 생각할 거리를 던져준다. 그는 대한민국 최고의 직업 중 하나인 카이스트 교수였다. 하지만 막상 아이들을 유학 보낼 돈도 모으지 못한 자신을 보면서 자괴감을 느껴서 투자 공부를 시작했다.

김봉수 씨는 주식 세계에 입문한 지 6개월 만에 주식투자에 관한 책만 300권 넘게 읽었을 정도로 지독하게 공부했다. 책만 치열하게 읽은 게 아니다. 그는 증권사들이 내놓는 기업분석 리포트를 비롯해서 온갖 다양한 자료를 끝없이 읽으면서 지식과 정보를 확장했다. 수시로 백화점 가전 매장이나 의류 매장 등을 둘러보면서 시시각각 변하는 시장 상황을 점검했고, 개인투자자에게는 참으로 쉽지 않은 기업 탐방까지 적극적으로 하면서 투자 내공을 쌓았다. 김봉수 씨는 왜 그렇게 독하게 공부하느냐는 질문에 이렇게 답했다.

"일반 투자자가 공부하지 않고 투자하는 것은 타이거 우즈와 1억 원을 걸고 골프 시합하는 것과 같다."

지금 김봉수 씨는 전업 투자자로 활동하고 있다. 이것만 놓고 보면 그는 공격적 투자자이다. 하지만 교수 시절에는 전업 투자자가 아니었다. 물론 그는 카이스트 교수 시절에도 전투적으로 투자했다. 때문에 이것만 놓고 보면 그는 본래부터 공격적 투자자였다고 할 수 있다. 하지만 주업이 교수였지 주식 투자자가 아니었기 때문에, 전업 투자자들과 비교하면 공격적 투자를 했다고 보기는 어렵다. 즉 그는 교수 시절에는 방어적 투자자에 좀더 가까웠다고 할 수 있다.

그렇다면 이런 사람은 어떨까? 주식으로 부자가 되겠다며 주식투자 책을 10권쯤 사놓고는 겨우 한 권 읽을까 말까 하고, 주식 관련 지식과 정보는 고작 주식 방송이나 유튜브로 접하는, 우리 주변에서 흔히 볼 수 있는 사람 말이다. 벤저민 그레이엄의 기준에 따르면 그런 사람은 주식시장에 돈을 다 갖다 바치고 망할 준비가 되어 있는 사람이다. 즉 그는 공격적 투자자는 당연히 아니고 방어적 투자자도 아닌 그저 호구일 뿐이다.

벤저민 그레이엄에 따르면 방어적 투자자는 '우량주식 적립식 장기투자'라는 투자 철학과 원칙 정도는 기본적으로 장착하고서 실제로 그 철학과 원칙에 맞게 투자하고 있는 사람이다. 그런데 우리나라에 이런 일반인 투자자가 얼마나 있는가? 거의 없다고 할 수 있다. 한마디로 우리나라 대부분의 일반 투자자는 그저 호구일 뿐이다. 그래서 코로나 팬데믹 시기에 주가가 그토록 폭등했지만 개미 투자자들은 마이너스 수익을 기록한 것이다.

확신이 없다면 그 어떤 주식도 사지 마라

벤저민 그레이엄은 방어적 투자자에게 다음 네 가지를 조언한다. 첫째, 여러 종목에 분산투자하라. 그레이엄은 10~30개 정도의 주식을 보유하라고 추천한다. 이 대목에서 잠깐 멈칫하는 사람들이 있을 것이다. 이 정도의 종목을 보유하는 것은 일반인에게 쉽지 않다. 우리가 생업에 종사하며 이렇게 다양한 주식에 관심을 가지고 동향을 파악할 수는 없다. 고수들이나 가능한 포트폴리오이다. 이 기준은 앞서 말했듯 전문 투자자 중에 방어적으로 투자하는 사람을 위한 것이다. 우리 같은 일반 투자자라면 이보다 훨씬 적은 종목에 투자하는 것이 바람직하다.

둘째, 주요 업종을 대표하는 대기업의 주식을 사라. 즉, 애플, 구글, 나이키, 코카콜라, 존슨 앤드 존슨 이런 것들만 사라는 것이다. 괜히 잘 알지도 못하는 기업을 알아보고 분석하겠다 하지 말고 모든 사람이 알고 있는 기업의 주식을 사는 것이다. 이 방법은 우리가 쉽게 따라할 수 있다.

셋째, 오랜 기간 배당을 해온 기업의 주식을 사라. 그레이엄은 구체적으로 20년 이상 배당을 계속해온 기업의 주식들을 사라고 추천한다. 20년 이상 배당을 준 기업이 미국에는 상당히 많다. 코카콜라는 100년 동안 배당을 해왔다. 애플도 30년 넘게 배당을 해왔다. 이런 주식들을 사면 된다.

넷째, 과거 7년간 평균 이익을 고려해서 얼마에 살 것인가를 정하라. 예를 들면, 2013년부터 2020년까지 주식 평균 수치를 낸 다음에 이 가격과 비교해서 상한선을 설정하라는 것이다. 7년간 주가 평균이 200달러였을 경우 '300달러를 넘어가면 너무 고점이니, 나는 그 이하에서만 사겠다.'라는 식의 상한선을 설정하라고 말이다.

모든 투자에 대한 결과는 본인이 받아들여야 한다. 손해도 본인의 몫이며 이익도 본인의 몫이다. 그런 까닭에 모든 투자에 굉장히 신중한 태도를 취해야 한다. 자신이 사려는 주식에 대해 확신이 서지 않는다면 좀더 시간을 가지고 신중하게 결정해야 한다. 잘못된 투자로 큰 손실을 입더라도 아무도 그것을 보상해 주지 않는다. 그러므로 공부를 제대로 할 시간도 없고, 조언을 구할 곳도 마땅치 않다면 투자에 대해 다시 한번 생각해봐야 한다. 주식에 대해 잘 모르는데 빚을 내서 투자하거나, 위험하다고 판단이 되는데도 계속해서 주식을 사들이거나, 내 재산에서 주식의 비중을 지나치게 높게 가져가면 안 된다. 판단이 잘 서지 않는다면 좀더 소극적인 태도로 투자해야 한다. 그러기에 벤저민 그레이엄은 '정답은 없으니 내 말도 믿지 말라.'고 조언한다. 아이러니하지만 정말 그렇다. 제아무리 주식투자의 아버지라도 틀릴 수 있기 때문이다. 그레이엄뿐 아니라 주식 고수들의 이야기도 참고만 할 뿐 그대로 따라해서는 안 된다. 결국 당신 스스로 공부를 하고 스스로 판단을 내려야 한다. 자신의 돈을 지킬 사람은 오로지 자신뿐이기 때문이다.

지혜와 용기를 가진 자가 부를 얻는다

공격적 투자자가 되기 위해서는 주식을 사려는 회사의 경영자 못지않게 공부를 많이 해야 한다. 우량주식을 사서 그냥 묻어두는 것만으로는 만족할 수 없고 더 빨리 돈을 벌고 싶은 사람, 벼락부자가 되고 싶다고 생각하는 사람이라면 그만큼 공부를 많이 해야 한다. 그 기업에 대한 이해와 지식이 회사의 경영자 못지않게 풍부해야 되는데, 사실 이건 일반인들에게는 불가능에 가까운 일이다. 생업에 종사하면서 어떻게 그 많은 정보를 얻을 수 있겠는가.

그런 까닭에 일반인들은 공격적 투자자의 길을 가서는 안 된다. 주식투자에 대해 공부를 깊게 하지 않고 유튜브에서 해주는 주식 강좌 정도를 들은 후 공격적 투자자로서 투자할지를 고민하고 있다면 이는 굉장히 충격적인 일이다. 마치 아무런 무기도 없이 무작정 전쟁터에 뛰어드는 것과 같다. 순식간에 피투성이가 되고 말 것이다. 우리는 투자에 대해 훨씬 더 겸손한 태도를 가져야 한다. 몇 번이고 강조하고 싶은 말이다.

벤저민 그레이엄은 공격적 투자자의 길을 가겠다고 마음먹었더라도 지나치게 위험한 투자는 하지 말라고 이야기한다. 그레이엄이 제안하는 공격적 투자자란, 방어적 투자자의 확장판이다. 즉, 위험을 무릅쓰고 마구 투자하는 것이 아니라 위험하지 않은 투자를 공격적으로 하라는 것이다. 단번에 잃을 수도 있지만 화려한 실적을 가져다줄 수 있는 주식에 투자할 것이 아니라, 절대 망하지 않을 주식과 채권에 집중하라는 것이 포인트이다.

그레이엄이 공격적 투자자에게 추천하는 세 가지 기법이 있다.

첫째, 소외된 대형주에 투자하라. 즉, 남들이 잘 모르는 우량주식에 투자하라는 것이다. 모든 우량주식이 대중의 각광을 받는 것은 아니다. 분명 재정상태가 좋고 전망이 밝은 기업이지만 사람들이 크게 관심을 두지 않는 우량주도 있다. 어떤 종류가 있을까? 하기스 기저귀를 판매하는 킴벌리 클라크나 코스트코, 3M이 그러하다. 이처럼 틀림없이 우량주식인데도 사람들이 관심을 많이 두지 않는 주식을 찾아보라는 것이다. 이런 것들에 투자하면 손실 위험이 거의 없으면서 안정적인 수익을 낼 수 있다. 소외된 대형주는 한창 인기가 많은 대형주보다 가격이 저렴하다. 단기간에 입이 쩍 벌어질 만한 수익을 가져다주지는 않지만 오랜 시간 가지고 있으면 분명 흐뭇한 정도의 수익은 보장해준다. 공격적 투자에서도 대기업 위주로 투자하는 이유는 명백하다. 대기업은 중소기업과 달리 자본과 인재가 풍부하기 때문에 폭락의 시간이 오더라도 이겨내고 반드시 실적을 회복한다. 그리고 실적이 회복된 후에는 시장 상황에 맞게 빠르게 주가가 올라간다. 그런 주식이 과연 많이 있을까? 걱정할 것이 없다. 미국의 대형 우량주 중에는 대중이 그렇게 열광하지 않는 주식들이 아직도 많이 있다.

둘째, 염가종목을 매수하라. 원래 가치보다 싸게 파는 주식을 찾아보라는 것이다. 내재가치가 시장 가격의 50% 이상 높아야 진정한 염가종목이라고 그레이엄은 말한다. 이런 주식들을 사놓으면 언젠가 주가는 회복할 것이고 그때 주식을 매도하는 방식으로 이익을 얻을 수 있다. 하지만 기업의 내재가치를 평가하는 부분은 우리 같은 일반인에게는 쉽지 않은 부분이다. 미래 이익을 추정하여 여기에 적정 자본화계수를 곱해서 산출하면 염가종목을 찾을 수 있다는데 이걸 일반인이 어떻게 할 수 있겠는가. 일반적으로 이런 경우 회계사까지 동원해야 할 것이다.

셋째, 주식시장이 대폭락했을 때 들어가서 매수하라. 염가종목을 직접 찾기 어려운 사람들에게 추천하는 방식이다. 우리가 쉽게 염가종목을 구매할 수 있는 방법이 있는데, 바로 주식시장이 대폭락했을 때 매수하는 것이다. 다우 지수가 30~50% 이상 폭락했다면 이때 주식 가격은 모두 염가종목이라고 할 수 있다. 이 시기 편안하게 우량주식을 매수하면 된다. 그런데 말은 쉽지만, 이를 실행에 옮기기는 어렵다. 시장이 침체했을 때 매수하기 위해 주식시장에 들어가는 것은 쉽지 않다. 생각해보라. 너도나도 이제 다 끝났다며 주식을 내던지는데 그 와중에 보란 듯이 매수를 할 수 있겠는가. 별다른 이유 없이 부글부글 끓어오르던 시장이 갑자기 싸늘하게 식기 시작하면서 바닥을 모른 채 폭락하는데, 이때 들어가 매수하는 데에는 큰 지혜와 용기가 필요하다. 워런 버핏은 애플이 하락할 때마다 계속해서 엄청난 양의 주식을 사들였다. 다른 사람들이 이제 애플은 한물갔다며 팔아치울 때 그는 묵묵히 더 많은 주식을 사 모았다. 결과적으로 버핏은 애플 주식 하나만으로 엄청난 이익을 얻었고, 더 큰 부자가 되었다. 지금 돌이켜보면 버핏의 판단은 옳았지만 당시에는 엄청난 지혜와 용기가 필요한 일이었을 것이다.

주식시장에는 심리적 요인이 크게 개입한다. '지금 주식시장에 뛰어들지 않으면 손해를 볼 것이다. 앞으로 한동안 계속 가격이 오를 것이다. 영혼까지 끌어모아서라도 주식을 사야 한다.' 이런 생각이 널리 퍼지면 터무니없는 수준까지 가격이 상승한다. 그런데 이런 심리는 어느 날 갑자기 식는다. 아무 이유도 없이 갑자기 식는 것이다. 그러고 나면 순식간에 주식시장은 싸늘해진다. 별다른 이유 없이 뜨거워졌다가 아무 이유 없이 사람들의 마음이 식어버리고 나면 터무니없이 폭락하고 만다. 오죽하면 남해회사The Southsea company라는 곳에 투자하여 원금의 90%를 손해 본 아이작 뉴턴Isaac Newton은 이런 말을 남겼다.

"나는 천체의 움직임은 계산할 수 있지만, 인간의 광기는 계산할 수 없다."

폭락장이 가장 좋은 매수 시점인 것은 두말할 필요가 없다. 하지만 이런 시기에 주식시장에 들어가기 위해서는 큰 용기가 필요하다. 적극적인 투자자라면 이 타이밍을 놓쳐서는 안 된다. 너무 당연한 말이지만 폭락한 주가가 회복되지 않는 사례도 분명히 있으므로 주가가 하락했다는 이유만으로 아무 기업의 주식이나 마구 사들여서는 곤란하다. 폭락의 시기에 우리가 두려움을 뚫고 시장에 들어가 사들여야 하는 것은 적어도 지난 10년 동안 실적이 안정적으로 유지되고 규모가 크고 재무구조가 건전해서 앞으로 더 큰 난관이 찾아와도 극복할 수 있을 거라는 믿음이 가는 기업, 즉 우량기업의 주식이다.

어떤 형태의 투자를 하더라도 우량에 집중하라

벤저민 그레이엄은 누구인가? 월 스트리트에서 가장 꼭대기에 있던 사람이다. 투자의 전장에서 황제가 된 사람이니 이 사람이 이야기하는 공격적 투자자는 우리가 흔히 생각하는 공격적 투자자보다 훨씬 더 공격적인 것이라고 보면 될듯하다. 아마 조지 소로스 같은 엄청난 투자자 정도를 말하는 것이 아닐까.

공격형 투자자는 미리 정보를 입수하여 어떤 주식을 샀다 팔았다 하는 과정을 통해 20배, 30배 수익률을 낸다. 이 사람들의 수익률을 보고 '뭐야, 그러면 지금 내가 하는 투자 방식이 돈을 너무 적게 버는 방식인가? 공격적 투자자가 되어야 하나?'라고 생각한다면 곤란하다. 그만큼 엄청난 위험도 따른다. 위험을 감수한 대가로 큰 이익을 얻는 것이다.

만일 주식으로 인생을 획기적으로 바꿀만한 큰돈을 벌어보고 싶다, 방어적 투자로는 성에 차지 않는다, 이제부터 공격적 투자자가 되어야겠다 마음먹은 사람들이 있다면 나는 진심으로 말리고 싶다. 잘못했다가는 여러분의 인생이 순식간에 나락으로 떨어질 수 있다. 수많은 사람이 큰돈을 벌겠다고 덤벼들었다가 쫄딱 망하는 것이 현실이다. 하루 종일 주식 차트만 보고, 주식 관련 공부를 엄청나게 많이 한 월 스트리트의 전문가들도 아주 일부만 공격적 투자로 돈을 번다. 나머지는 오랫동안 번 돈을 한 순간에 날리고 감당할 수 없는 빚까지 지고 만다. 돈이 너무 남아돌아서 그냥 갖다 버려도 큰 상관이 없다면 모를까, 섣불리 공격적 투자자가 되려 한다면 정말 큰일 난다.

그레이엄은 위험을 감수하는 공격적 투자자라 할지라도 처음에는 무조건 우량주식, 우량채권을 선택해야 한다고 말한다. 투자에서 가장 중요한 것은 바로 우량 자산이다. 내가 이지성TV에서 강의를 하며 100번도 넘게 반복했던 이야기를 다시 하자면 투자의 초고수일수록 강조하는 것이 바로 '우량'이다. 주식도 우량주식, 부동산도 우량 부동산, 화폐도 우량 화폐를 사야 한다. 우량 화폐는 무엇을 말할까? 세계 넘버원 기축통화인 달러이다. 그러면 우리는 어느 국가에 투자를 해야 할까? 초우량 국가에 투자해야 한다. 초우량 국가는 바로 미국이다. 중국은 어느 위치쯤 될까? B급 국가이다. 중국은 이머징 마켓Emerging Market, 새로 급성장하는 시장에 속한다. 대한민국도 이머징 마켓 안에 들어있다.

위험이 없을 때는 우량 자산이 그다지 큰 의미를 지니지 못한다. 어쩌면 우량주식을 사는 게 바보처럼 느껴질 수 있다. 하지만 자산 시장에는 반드시 겨울이 닥친다. 이 겨울을 잘 버텨야 한다. 그렇지 않으면 봄, 여름, 가을에 걸쳐 일구어놓은 농작물이 다 얼어죽고 만다. 이런 시기에 살아남는 것은 우량 자산뿐이다. 그레이엄은 이 지점을 정확하게 짚고 있다. 경기가 악화되거나 시장 금리가 상승하면 비우량채권, 비우량주식은 금세 폭락하고 만다. 심지어 이런 기업들은 영업실적이 심각한 수준으로 악화되지 않았는데도 주식이 대폭락하곤 한다. 경기가 어렵거나 금리가 상승하는 등의 외부적 요인으로 말이다. 겨울에 생존하기 위해서는 무조건 우량 자산을 보유해야 한다.

그런데 간혹 비우량주식을 매수하면 큰 수익을 낼 수 있는 시기가 찾아온다. 벤저민 그레이엄은 2차 세계대전 후 잠깐 비우량주를 선택했다면 엄청나게 돈을 벌었을 거라고 이야기한다. 2차 세계대전 후 역대급 호황이 찾아와 우량기업은 물론 비우량기업도 엄청난 실적을 낸 것이다. 이때 비우량기업의 주가는 폭발적으로 상승했다. 그런데 대부분의 사람은 1929년 대공황 때 너무나 큰 상처를 입었기 때문에 이 시기 비우량주식을 살 엄두를 내지 못했다. 엄청난 기회를 놓친 것이다. 그러나 발 빠른 투자자, 대담한 투자자, 흐름을 탁월하게 잘 읽은 투자자들은 굉장한 부를 얻었다. 여기에 사람들이 다시 말려들고 말았다. 비우량기업의 주식이 잠시 빛나던 그때 샀어야 했는데, 처음에는 주저하며 사지 못하다가 뒤늦게 폭발적으로 가격이 오르는 것을 보고 나서야 비우량주식을 사기 시작한 것이다. 결론은 어떻게 되었을까? 시간이 지나 대폭락을 맞이하고 비우량기업의 주식은 원상회복을 하지 못했다. 그레이엄은 진정한 공격적 투자자라면 대담하게 비우량주식을 선택해 큰 이익을 봐야 하지만 이 시점을 선택하는 게 굉장히 어렵고, 그 선택에 대한 확신을 가질 수 없으므로 권하기 어렵다고 했다.

한편, 그레이엄은 신규 발행된 주식 역시 경계해야 한다고 당부한다. 흔히 강세장 기간에는 수많은 비상장회사가 상장회사로 전환된다. 우리나라에서도 마찬가지이다. 시장 상황이 좋을 때는 비상장회사들이 상장회사로 전환된다. 1945년에서 1946년까지 그랬고, 1960년 초에도 그랬다. 어마어마한 돈이 주식시장으로 들어오니 수많은 비상장기업이 상장기업이 되었고 돈 잔치가 크게 벌어졌다. 그러나 오래지 않아 비극적인 최후를 맞이한 경우가 대부분이었다. 이런 일은 주기적으로 되풀이된다. 비상장기업을 상장시키는 과정에서 대중을 현혹하는 판매 방법이 동원된다. 이 판매 방법은 무엇을 말하는 걸까? 일단 우리의 마음을 뜨겁게 만들기 위해 여론을 조성한다. 생각해보라. 한 기업가가 상장 전에 '내가 우리 회사 주식을 상장해서 새로운 주주들을 행복하게 해야겠다.' 이런 마음을 먹을까? 그런 사회적 대의를 펼치고자 하는 CEO가 천 명 중에 한 명 정도 있을 수는 있다. 대부분의 경영자들이 기업을 하는 목적은 이윤 추구이다. 비상장기업이 상장을 하는 이유도 이윤을 추구하기 위해서이지 새로운 주주를 위해서는 아니다. 그럼 언제 상장을 할까? 돈 벌기 가장 좋은 시기에, 이익을 극대화할 수 있는 시기에 상장을 한다. 분위기를 달아오르게 하기 위해 방송 뉴스에 매일매일 관련 이야기를 떠들어댄다. 신문에 경영 천재라고 불리는 CEO 사진이 대문짝만 하게 실리고 앞으로 얼마나 근사한 미래가 펼쳐질지 광고를 해댄다. 냉정한 마음을 유지하려고 해도 이러한 상황에서 침착하게 있기란 쉽지 않다. 이런 속사정을 모른 채 개미들은 그 주식을 사지 않으면 벼락 거지가 될 것 같은 조바심에 있는 돈 없는 돈을 모두 끌어모아 쏟아붓게 된다. 그래서 나는 항상 언론을 조심해야 한다고 말한다. 언론을 무조건 배척하고 의심해도 안 되겠지만 무조건 믿는 것도 곤란하다.

이와 더불어 은행 역시 믿으면 안 된다. 사람들은 은행을 굉장히 안전한 금융기관이라고 생각한다. 하지만 은행에서 파는 상품이 모두 안전한 것은 아니다. 실제 몇 해 전 매스컴을 떠들썩하게 장식했던, 독일 국채금리 연계 DLF Derivative Linked Fund, 파생결합펀드 상품 역시 은행에서 판매한 것이다. 그 상품을 은행 직원들은 독일이 망하지 않는 한, 엄청난 이자가 붙는다고 소개했다. 이에 목돈을 가지고 있던 노인들이 열광했다. 그런데 어떻게 되었나? 독일 금리가 마이너스가 되면서 원금의 80~90%까지 날릴 위기에 처하게 되었다. 투자의 세계에서는 그 누구도 믿어서는 안 된다. 남들이 뭐라고 해도 고독하게 자신만의 길을 가야 한다. 주변의 이야기에 휩쓸리지 않을 용기가 필요하다. 그러기 위해서 공부를 하는 것이다.

벤저민 그레이엄은 벼락부자가 되고자 하는 사람은 반드시 벼락 거지가 될 거라고 경고한다. 또한 방어적 투자자는 물론이고 공격적 투자자라도 위험한 것은 하지 말라고 조언한다. '위험하지 않은 것을 공격적으로 하라.'는 것이 현명한 투자자의 길이라는 것이다. 지금 이 시대에도 비우량은 머지않아 큰 손해를 입을 수 있다는 것을 겸손하게 인정해야 한다. 만일 현재 비우량이라는 위험지대에 있다면 조금이라도 빨리 안전지대인 우량으로 넘어가는 지혜를 발휘하고, 행복한 안전지대에 있다면 그 자체의 안락함을 마음껏 누리길 빈다.

부자 수업 09

비우량주식은 철저하게 외면하라

폭락의 시간에는 인기를 누리던 우량주도 크게 타격을 받는다. 과거의 주가 추이를 살펴보면 눈부시게 성장한 만큼 처절하게 파괴된다. 하지만 걱정할 것은 없다. 이런 주식들은 폭락의 시간을 견뎌낸 후에는 더욱 빛나는 존재가 되었다.

1961년 다우 지수는 급하게 올라갔다 내려갔다를 반복했다. 6개월 만에 27%의 손실이 일어난 것이다. 이 대폭락의 시기에 우량주식들은 어떻게 되었을까? 당시 대표적인 대장주였던 IBM 주식은 반 토막이 났다. 그때의 IBM은 지금의 애플이나 구글 같은 위상이었다. 최고로 인기가 많았고 미래 전망이 좋은 주식이었다. 아무리 우량주라도 폭락의 시기를 견뎌낼 수는 없다. 지금도 이런 양상은 비슷하다. 금리를 추가 인상한다거나 코로나 변이가 출현했다는 기사가 나오면 성장주가 타격을 제일 먼저 받는다. 성장주라는 것은 계속 성장하는 주식이다. 대표적으로 애플, 구글 등이 있다. 그와 대비되는 주식은 가치주이다. 코카콜라, 나이키 등이다. 요즘 시대에는 이런 구분이 모호해진 부분이 있다. 디즈니 같은 경우는 원래 가치주였으나 최근 디즈니 플러스 OTT를 탑재하면서 성장주의 모습도 보이고 있다.

IBM은 1961년 12월부터 1962년 6월 사이에 절반 가격으로 폭락한다. 그리고 7년 뒤인 1969년부터 1970년까지 또다시 대폭락을 경험한다. 이런 과거의 그래프는 우리에게 큰 교훈을 준다. 과거 역사를 보면 아무리 전망이 좋은 우량주식이라 하더라도 반 토막이 나는 시간이 반드시 찾아온다. 천만 원어치 주식을 샀는데 하루아침에 500만 원이 되어있는 것이다. 이런 일은 한 번만 일어나는 것도 아니고 반복적으로 찾아올 수 있다. 내가 이지성TV에서 추천했던 ASML도 그렇고 구글, 나이키, 코카콜라 이런 주식들도 마찬가지이다. 역사의 흐름 속에서 갑자기 반 토막이 날 때가 있다는 점을 마음에 새기고 있어야 한다. 우량주식의 경우 추가적인 가격하락을 걱정하며 팔지 않아야 한다. 그 이후에는 다시 우상향하기 때문이다. 폭락의 시기를 잘 견뎌내고 주식을 오랫동안 보유하면 상상을 초월하는 엄청난 수익을 내게 된다.

미국 우량주식은 경이로운 수익을 가져다준다

1995년 7월, 제프 베조스Jeff Bezos가 자신의 집 창고에서 창업한 아마존은 1997년 5월 16일 나스닥에 상장된다. 당시 주가는 액면분할 조정가로 1.73달러였다. 1년 뒤에는 약 7.87달러로 7배 정도 오르고, 1999년 12월 10일에는 107.13달러를 기록하여 2년 5개월 만에 50배 이상 오른다. 하지만 2001년 9월 29일, 주가는 대폭락을 기록한다. 5.97달러를 기록해 무려 80%가 넘게 폭락한 것이다. 그것이 끝이 아니었다. 아마존 주식은 98% 수준까지 폭락했다가 아주 오랜 시간이 걸려 원상회복되었다. 그리고 아마존을 지금까지 보유한 사람들은 거의 천 배 이상의 수익을 냈다.

이처럼 미국 우량주식의 역사는 단기폭락과 대폭락이 반복되는 역사이다. 우량주식에 장기투자한다는 건 주가가 조정을 받아 6%, 15%씩 떨어지는 걸 앞으로 300회 이상 경험할 각오가 되어있다는 것이다. 주가가 반 토막을 넘어 90% 이상 싹 빠진 후 10년 이상 하락이 계속되는 것도 감당하겠다는 뜻이다. 부자가 되는 건 이처럼 온갖 마음고생을 견뎌내야 한다. 그래서 철학과 원칙이 중요하다. 철학과 원칙, 신념을 탄탄하게 갖춘 사람만이 단기폭락, 대폭락의 시점에서 흔들리지 않고 기업을 믿고 투자를 지속할 수 있다.

어려운 시기에 우량주식이 폭락할 때, 다른 주식을 사는 게 낫지 않을까 생각할지도 모른다. 그런데 이런 대표 우량주식들이 반 토막이 나는 상황에서 다른 주식들은 어떻게 되었을 것 같은가? 벤저민 그레이엄은 이 부분에 대해 확실하게 이야기한다. 신규 상장된 중소기업 주식들은 두말할 필요 없이 처참하게 붕괴된다는 것이다. 주식시장이 좋을 때는 신규 상장된 주식들도 대접을 받는다. 그런데 우량주들이 반 토막이 나는 시기에는 역사가 짧은 주식일수록, 그리고 작은 기업일수록 완전히 바닥을 치게 된다. 반 토막이 아니라 80~90%까지 떨어지게 된다. 국내에서는 바이오 주식이 그런 경우가 많았다. 이런 무모한 주식들, 스팩SPAC, 기업인수 목적 회사 주식들은 터무니없이 높은 공모가에 상장된 후 투기꾼 세력이 몰려들어 거의 미친 수준까지 주가가 상승한다. 하지만 폭락장에서는 바닥을 알 수 없을 만큼 폭락하게 된다.

그레이엄이 활동했던 시대와 지금은 거의 비슷하다. 그 시절에도 대장주들은 별로 재미가 없었다. 애플, 구글, 나이키, 코카콜라 이런 주식들은 오르긴 오르는데 자극적이지 않다. 내 인생을 바꿔줄 것 같은 눈부신 성장력을 보여주지는 못한다. 그런데 그래프가 하늘을 향해 치솟아 우리의 가슴을 막 뛰게 하는 주식들은 위험하다. 이러한 주식은 위험한 시기가 오면 90% 이상 폭락한다. 이것이 벤저민 그레이엄이 지난 100년의 주식시장 역사를 공부하고 내린 결론이다.

욕심에 눈이 멀면 비우량을 사게 된다

한때 코인이 미쳐서 돌아갔다. 코인을 안 하는 사람이 바보처럼 느껴지기도 했다. 지금은 어떤가? 코인으로 인해 많은 사람이 절망에 빠졌다. 코인 시장에 겨울이 찾아온 것이다. 이 계절은 정말 오래도록 지속될 가능성이 높다. 이런 일은 비단 이 시대에만 일어난 것이 아니다. 10년 전에도 코인처럼 사람들의 마음을 자극하는 투자가 있었고, 오랜 시간이 지나지 않아 말 그대로 폭삭 망했다. 50년 전에도 100년 전에도 그런 일은 존재했다.

그런데도 왜 사람들은 비우량주식을 살까? 사람들이 처음부터 비우량주식에 투자하는 것은 아니다. 기본적으로 다들 일류 대기업의 우량주식을 좋아하고 사고 싶어 하며 비우량주식은 완강하게 외면한다. 그런데 강세장이 계속 이어지면 이 굳건한 마음이 흔들리게 된다. 주식시장이 계속 호황으로 이어지면 자신이 가진 신념에 의문을 갖기 시작한다. 강세장에서 우량기업의 주식은 조금씩 오르는 반면에 비우량기업의 주식은 눈에 띄게 오르기 때문이다. 주식시장이 호황일 때는 실적이 신통치 않았던 비상장 회사들이 탁월한 실적을 과시하기 마련이다. 그러다 어디선가 누군가 주식으로 벼락부자가 되었다는 이야기가 들려온다. 그때부터 탐욕이 가슴속에서 활활 타오르며 점점 판단력을 상실하게 된다. 이렇게 좋은 시대에 내가 우량주식을 꼭 가지고 있어야 하나? 비우량주식이 더 낫지 않을까? 그러다 삼성전자를 팔고 가격이 막 오르고 있는 듣도 보도 못한 회사의 주식을 살까 망설인다. 애플을 팔고 니콜라Nikola, 미국의 수소차 회사를 살까 고민하게 되는 것이다. 사람들의 기분이 들썩이는 와중에 슬쩍 누군가 기름을 붓는다. 바로 언론이다. '누가 이런저런 주식을 사서 엄청난 부자가 됐다. 100배의 수익을 올렸다. 그리고 퇴사를 했다.' 우리의 가슴을 뜨겁게 만드는 이런 이야기를 해대는 것이다. 이때 사람들은 비우량주식에 손을 댄다. 주변 사람들은 어쩌면 그렇게 다들 투자를 잘했는지 순식간에 부자가 된 것처럼 보인다. 급격하게 자신이 초라해보이며 조급해진다. 별다르게 사치를 한 것도 아닌데 나만 갑자기 가난해진 것 같은 느낌이 든다. 나도 남들처럼 하루빨리 벼락부자가 되어야 한다고 생각한다. 이렇게 욕심에 사로잡히게 되면 사람들은 빨리 부자가 되어 돈을 펑펑 쓸 생각에 조급해진다. 장기투자를 하지 못하고 단기투자에만 눈독을 들이는 것이다. 벼락부자가 되어야겠다는 욕심에 사로잡히니 우량주식 장기투자 같은 정말 안전하게 부자가 되는 길이 눈에 들어오지 않는다.

수익이 나는 동안은 '내가 정말 투자를 잘하는구나.' 하는 착각에 휩싸일 수 있다. 강세장에서는 오히려 비우량주식을 선택한 것이 현명한 투자처럼 여겨진다. 그러다 갑자기 경기가 나빠지거나 금리 상승 시기가 오면 폭삭 망하는 것은 순식간이다. 이런 일이 비단 현재에만 국한되는 이야기가 아니다. 요즘의 코인이 그레이엄 시대에는 비우량 등급의 채권이었을 것이다. 그때는 비우량 등급의 채권에 이자를 엄청 많이 줬으니까 말이다.

고독해야 부자가 될 수 있다

강세장에서 대중이 정신을 차리지 못하고 욕심에 눈이 멀어

있을 때 앞서 말한 신규 발행된 증권이 등장한다. 비상장주식이 신주 공모를 내서 기업 공개를 하는 것이다. 돈이 주식시장에 쏟아지니, 비상장기업들까지 전부 상장을 하게 되는 것이다. 초반에는 좋은 기업들이 공개된다. 사람들은 이 공모를 통해 돈을 좀 벌게 된다. 그러자 사람들이 점점 더 기업 공개에 몰리고, 자연스레 기업 공개도 더 많아진다. 그 과정에서 공개된 기업의 질이 굉장히 낮아지기 시작한다. 이미 좋은 기업들은 모두 공개된 이후이기 때문에 나쁜 기업들까지 상장하게 되는 것이다. 엉터리 기업들이 상장을 하는데 공모 가격은 터무니없이 높아진다. 듣도 보도 못한 기업인데 경쟁률이 높아지고 사람들의 입에 계속 오르내리고 언론에서 주야장천 떠들어대니, 그 기업의 신주 공모에 참여하지 않으면 내가 손해 보는 것 같아진다. 이렇게 해서 시장에 거품이 생기는 것이다. 그러다 보니 상장되기 전에 어마어마한 돈이 몰리지만, 막상 상장된 후에는 오르기는커녕 고꾸라지는 기업들도 생기게 된다. 이런 것에 속지 않기 위해 우리는 공부를 해야 한다. 이것이 이지성TV를 통해 내가 몇 번이나 강조해서 하는 이야기이다. 항상 깨어있고 공부하면 이러한 속임수에 현혹되지 않을 수 있다. 여러분은 특히 언론을 믿지 말아야 하고, 은행도 정부기관도 믿어서는 안 된다. 안타까운 일이지만 사실이다. 부자가 되기 위해서는 가능한 한 주변 사람의 말을 믿지 않아야 한다. 부자가 되려면 고독해야 한다. 대다수의 사람이 가는 길과 정반대의 길을 갈 수 있는 용기가 있어야 한다.

거품 낀 기업에 거액을 투자한 경우, 결국 폭삭 망한다. 이미 80년 전에도 벌어진 일이다. 기업을 공개하고 신주 공모를 했는데 그중 75% 이상이 폭락했다. 비우량주식은 터무니없이 상승한 만큼 처참할 정도로 폭락했다. 기업의 가치가 사실은 주당 100달러에 불과한데 돈이 몰려드니 주당 800달러까지 올라갔다가 순식간에 70~80달러로 떨어진 것이다. 800달러에 이 주식을 사들인 사람들은 충격적인 손실을 입게 되었다. 짧은 시간에 큰돈을 벌겠다는 허황된 생각은 결국 파국을 맞이할 수밖에 없다. 결론은 욕심에 사로잡히지 말고 기업들의 이런 특별한 판매술에 휘둘리지 않도록 정신을 바짝 차려야 한다. 언론의 달콤한 속삭임과 지금 이 판에 뛰어들지 않으면 벼락 거지가 된다는 말에 흔들리지 말아야 한다.

부자 수업 10

펀드 매니저보다 원숭이를 믿어라

월 스트리트에서 2000년 여름부터 이듬해 봄까지 주식투자 대회를 열었다. 누가 수익을 높게 내는지 시합을 한 것이다. 참가자는 월 스트리트의 유명 펀드 매니저들, 일반인, 그리고 원숭이. 원숭이가 주식투자를 한다니 말도 안 되는 소리라고 생각할지 모르지만 실제 있었던 일이며 그 결과는 굉장히 놀라웠다.

월 스트리트 최고의 펀드 투자자들은 전문가답게 세심하게 분석해서 종목을 선정했다. 일반인들도 자신들의 생각에 따라 종목을 골랐다. 원숭이는 어떻게 했을까? 주식을 전혀 알지 못하는 원숭이들은 지면에 실린 주식 시세표에 그냥 다트를 던져 종목을 찍었다. 2000년 7월부터 2001년 5월까지 수익률을 겨루었는데, 결과는 세 그룹 모두 마이너스였다. 그런데 그 결과가 상당히 충격적이었다. 원숭이가 -2.7%, 월 스트리트 유명 펀드 매니저들이 -13.4%, 일반 투자자는 -28.6%. 결과적으로 원숭이가 투자를 제일 성공적으로 해낸 것이다. 원숭이는 우리 같은 일반 투자자보다 열 배나 높은 실적을 냈다.

러시아에서도 비슷한 실험이 있었다. 2010년 초에 침팬지로 하여금 주식을 고르게 했다. 조련사들이 정육면체를 주식처럼 표시해 침팬지에게 고르도록 한 것이다. 이후 1년간 침팬지가 고른 종목의 투자수익률은 펀드 매니저보다 자그마치 94%나 높았다.

우리나라에서도 유사한 실험이 있었다. 경기도 용인의 에버랜드 동물원에서 해리와 샐리라는 이름을 가진 침팬지 두 마리에게 일주일 동안 훈련을 시켰다. 번호를 매긴 250개 탁구공 중에서 3개를 침팬지가 마음대로 고르는 훈련이었다. 탁구공에는 코스피 200 지수에 편입된 종목 200개와 코스닥 시장의 코스닥 50 지수에 편입된 종목 50개를 가나다 순으로 배열했다. 경찰 입회하에 침팬지가 무작위로 3개씩 종목을 골랐고, 이어 펀드 매니저 4명이 분석하여 각자 3개를 골랐다. 이후 수익률을 비교했다. 어떻게 되었을까? 앞서 언급한 두 실험과 같은 결과를 얻었다. 6개

월간 이어진 게임에서 해리와 샐리가 서로 경쟁을 벌이다가 결국 해리가 1위를 차지했다. 펀드 매니저 그 누구도 침팬지의 수익률을 따라잡지 못했다.

또 다른 종류의 실험이 있다. 포유류끼리의 대결이 아닌 조류와의 대결이다. 2009년 팍스넷에서 앵무새 딸기와 투자 기간이 10년 이상 된 투자의 고수 10명이 투자 대회를 한 것이다. 앵무새 딸기가 고른 종목을 팔지 않고 계속 가지고 있었던 결과 13.7%의 수익을 냈다. 참가자 중에서 전체 3위를 한 것이다. 일반 투자자의 평균 실적은 어땠을까? 개인 투자자는 −4.6%였다.

세계 각국의 동물들이 주식 전문가보다 더 높은 실적을 냈다. 주식투자를 위해 원숭이를 한 마리 사야 하나? 앵무새나 침팬지에게 지혜를 구해야 하나? 당황스러울 따름이다.

펀드 매니저보다 원숭이가 투자를 더 잘한다

사람들은 전문가들이 훨씬 특별하고 기발한 포트폴리오를 구성할 거라고 생각하겠지만, 실제로는 그렇지 않다. 벤저민 그레이엄은 여기에 대해 이렇게 조언한다.

“애널리스트 100명이 다우 지수 종목에서 다섯 개씩 선정한다고 가정할 때, 애널리스트들이 고른 다섯 개 종목이 일치하는 사례는 거의 없다. 아무리 유능한 최고의 애널리스트들도 각자 견해가 갈리는 것이다. 많은 사람이 애널리스트들이 최고의 전문가라고 생각하고 돈을 맡기는데, 그럴 필요가 없다. 우리가 다우 지수에서 좋은 종목을 다섯 개 골라 주식을 사는 거나 최고의 애널리스트가 골라주는 거나 별반 차이가 없기 때문이다. 투자 종목을 선정하는 데 정답이 있을 수 없다. 누구에게 종목 추천을 의지할 것이 아니라 스스로 우량주식 다섯 개 정도를 골라 꾸준히 묻어두는 것이 최선이다. 현재 주가에 대해서 전문가들이 어려운 용어를 써가며 분석하는데 그 내용을 구체적으로 알 필요도 없다. 지금 가격이 얼마인가만 보면 된다. 일반인이라면 굳이 정량분석이니 정성분석이니 이런 걸 따질 필요도 없다. 전망 좋은 ETF를 사거나 우량주식을 골고루 사서 분산투자를 하면 된다."

여기에 덧붙여 그레이엄은 기술발전이 기업의 장기 실적에 미치는 영향이 커지고 있으니 기술발전도 간과하지 말라고 당부한다. 4차 산업혁명을 앞두고 현재 우리가 가장 새겨들어야 하는 지점이다.

최고의 헤지펀드 매니저, 펀드 매니저들은 분산투자를 한다.

한 종목에만 투자하는 펀드는 없다. 대체 왜 그럴까. 세계 최고의 투자 능력과 투자 지식을 가졌다는 월 스트리트의 펀드 매니저들도 어느 한 종목에 올인할 수 있는 능력이 없기 때문이다. 즉 대박을 칠 가능성이 있는 주식을 알아보는 것이 불가능하다는 것이다. 그런 까닭에 분산투자를 하는 것이다. 만일 확실한 종목을 선택할 수 있다면 굳이 분산투자를 할 필요가 없다. 그 종목에 모든 투자금을 집어넣고 수익을 챙기면 된다. 하지만 이것이 불가능하기 때문에 다들 위험을 분산해놓는 것이다. 만일 듣도 보도 못한 주식들을 사서 가격이 오르내리는 걸 지켜보며 무릎에서 샀다가 어깨에서 팔아야겠다는 시도를 하려는 마음을 먹었다면 다시 한번 생각해보기 바란다. 처음에 몇 번은 돈을 벌 수 있겠지만 결과적으로는 엄청난 손실을 볼 수밖에 없다. 월 스트리트의 최고 펀드 매니저가 각종 최신 투자정보를 손에 쥐고도 해내지 못한 걸 일반인인 우리가 할 수는 없다.

종목 선정으로 돈을 버는 것은 어렵다

증권사에서 펀드 매니저가 어떤 펀드 상품을 만든다고 가정하자. 유망한 종목을 몇 개 선정해서 포트폴리오를 만들었을 때 얼마나 수익을 낼 수 있을까? 벤저민 그레이엄은 '종목 선정을 통해 원하는 만큼 이익을 얻는 것은 솔직하게 말하면 절대 쉽지 않다.'고 말한다. 실제로 이것은 미국 주식시장의 역사를 조금만 살펴보면 알 수 있다. 지난 100년 동안 월 스트리트에서 만일 100개의 펀드를 만들었다면 그중 3개 정도가 수익이 나고 나머지는 겨우 마이너스를 면하거나 손실이 났다. 즉, 지상 최고의 공격적 투자자들이 모여있는 월 스트리트에서도 수익이 그나마 좋은 펀드 상품은 100개 중 3개에 불과하다.

그렇다면 왜 종목 선정으로 수익을 내는 것이 어려울까? 벤저민 그레이엄은 두 가지를 지적한다. 첫째, 이미 현재 주가에 기업의 과거 및 현재 실적뿐 아니라 미래 실적에 대한 합리적 기대도 모두 반영되어있다. 즉, 여러 전문가가 앞다퉈 종목을 분석하면 분석할수록 그 모든 내용이 다 주가에 반영되는 것이다. 애널리스트라는 존재들은 이미 주식시장 안에 있기에 시장 밖에서 그 시장을 바라볼 수가 없다. 결국 전문가들이 분석을 열심히 하면 할수록 그 모든 것이 세밀하게 주가에 포함된다.

둘째, 애널리스트들이 종목을 선정하는 기본 기법에 결함이 있을 수 있다. 주식시장에서 주식을 분석하고 이 종목이 앞으로 성장 가능성이 높다, 앞으로 미래 전망이 밝다 이렇게 예측하는 것은 의미가 없다. 애널리스트들은 성장성이 뛰어난 종목의 유망한 기업 주식을 찾는데, 그 결과 유망 업종에 속한 유망 기업은 가격이 비싸도 매수하고, 소외 업종에 속한 소외된 기업은 가격이 싸도 사지 않는다. 그런데 유망한 주식에 모두가 달려들면 어떻게 되겠는가? 그 기업의 가치가 터무니없이 부풀려진다. 이 경우 그 기업에 투자해 이익을 보려면 그 기업의 가치가 무한대로 성장해야 한다. 그런데 알다시피 그런 일은 일어날 수 없다. 이런 이유로 초과수익 달성은 정말 어렵다.

월 스트리트의 애널리스트들은 어떤 사람들인가. 초·중·고에서 우수한 성적을 거두고 대부분이 아이비리그에 진학한다. 아이비리그에서도 장학금을 받으며 공부를 한다. 학점은 거의 A+. 아이비리그를 졸업하기도 전에 월 스트리트의 콜을 받고 증권사에 입사한다. 처음 들어가는 순간부터 연봉 수억을 받는다. 명실상부 천재라고 불리기에 손색이 없는 인재들이다. 이런 사람들이 하루에 4~5시간밖에 자지 않으며 연구해서 선택한 종목에 투자해도 초과이익을 달성하기란 쉽지 않다. 이처럼 총명하고 박식한 일류 애널리스트가 구성한 포트폴리오도 초과수익을 보기 어려운데, 우리 같은 일반인은 어떨까. 섣불리 종목을 선택하려고 할 것이 아니라 우량주식을 매달 정기적금 들듯이 사는 것밖에 길이 없다. 복잡하게 생각할 것도 없이 매달 똑같은 일을 반복하는 것이다. 그리고 배당금이 나오면 재투자를 한다. 이게 바로 벤저민 그레이엄이 우리 같은 일반인에게 주는 가장 핵심적인 충고이다. 나는 여러분에게 할 수 있는 한 가장 보수적인 방법으로 투자하라고 말한다. 돌다리를 두드려가면서 건너는 것을 넘어 돌다리를 만들면서 가야 하는 것이다. 겸손하게 투자하라. 그래야 부의 길을 갈 수 있다. 교만하면 결국 빈貧의 길을 가게 된다. 겸손한 투자자가 되면 주식에 대해 잘 모르는 우리도 월 스트리트의 내로라하는 투자자들을 이길 수 있다.

마음을 다스리지 못하면 최고 상품에 가입해도 돈을 잃는다

만일 뛰어나고 노련한 펀드 매니저가 100% 유망한 종목을 잘 선별해놓은 펀드에 가입하면, 무조건 수익을 올릴 수 있을까? 이론상으로는 당연히 수익을 내야 하지만 여기에도 인간의 탐욕과 공포가 개입되어있기에 꼭 그렇지가 않다.

마젤란 펀드는 세계적인 투자회사 피델리티 인베스트먼트Fidelity investment가 1963년 출시한 액티브 펀드펀드 매니저들이 성장 가능성이 높은 유망한 종목을 발굴하여 탄력적으로 포트폴리오를 운용하는 펀드이다. 투자의 전설 중한 명인 피터 린치Peter Lynch가 1977년부터 1990년까지 이 마젤란 펀드를 운영했다. 피터 린치는 굉장히 적극적이고 노련하게 이 펀드를 운영했는데, 직접 발로 뛰며 회사의 상태, 제품의 품질을 확인한 후 주식을 사들였다. 피터 린치는 이 펀드를 운영하는 13년간 연평균 29.2%라는 엄청난 수익률을 올렸다. 1987년 블랙먼데이 때도 수익률이 플러스였으니, 실로 대단한 실적이 아닐 수 없다. 그렇다면 이 펀드에 가입한 개인 투자자는 모두 만족할 만한 성과를 거두었을까? 충격적이게도 마젤란 펀드에 가입한 개인 투자자 절반 이상은 손해를 봤다. 수익률이 30% 가까운 펀드 상품인데도 손해를 본 사람이 더 많았다. 대체 왜 이런 일이 발생했을까? 주가는 주기적으로 올라갔다 내려가는 것을 반복하는데 그 떨어지는 구간을 참지 못하고 환매還買를 해버린 것이다. 결국 전설적인 실적을 낸 펀드에서도 많은 일반 투자자가 손실을 입고 말았다.

종목 선정에 자신이 없다면 ETF에 투자하라

세계 최고의 애널리스트들도 종목 선정에 실패하는데 하물며 일반인들은 어떨까. 일반인이 주식을 제대로 공부하는 것은 불가능에 가깝다. 주식투자를 위해 개별 종목만 분석하면 되는 것이 아니다. 주가 변동의 흐름을 파악하는 것은 기본이고 인플레이션과 디플레이션, 그리고 스태그플레이션의 전조에 대해 잘 알면서 이를 대비할 수 있어야 한다. 또 미국 정치와 경제에 대해 깊이 이해해야 하고 유럽, 중국, 일본은 물론이고 신흥국의 정치와 경제에 대해서도 상당히 잘 알고 있어야 한다. 한마디로 지구에서 일어나는 거의 모든 일에 관심을 가져야 하고, 어떤 국제적인 사건이 발생하면 그게 주가에 미치게 될 영향에 대해 신속하게 분석하고 대응할 수 있어야 한다. 하지만 이렇게 치열하게 공부하고 분석해도 예기치 못한 일은 언제든 터질 수 있고 그러면 주가는 급락한다. 때문에 투자자는 항상 겸손해야 한다. 그리고 우량주식 적립식 장기투자나 S&P 500 지수를 추종하는 ETF 투자가 최선일 수 있다는 사실을 인정해야 한다.

ETF 펀드란 무엇인가. 뱅가드 그룹 창업자이자 인덱스 펀드index fund, 시장을 대표하는 특정 지수를 따라가도록 설계되고 운용되는 펀드 창시자인 존 보글John Bogle은 혁신적인 관점에서 주식시장에 접근했다. 앞서 말했듯 우리가 아무리 밤을 새워가면서 주가 분석을 한다고 해도 시장을 예측하는 것은 불가능하다. 직접 투자를 통해 고수익을 기대할 수도 있겠지만, 최악의 경우 투자한 기업이 상장 폐지되어 원금을 전부 잃을 수도 있다. 그래서 개별 리스크를 없애기 위해 시장 전체를 사버리자는 것이다. 정말 뛰어난 펀드 매니저들이 유망한 종목 하나를 골라 투자를 하려고 보니 쉽지 않다. 그래서 종목을 늘린다. 안전한 3개 정도면 되지 않을까? 3개 정도로는 조금 불안하니 10개 종목을 골라볼까? 이런 식으로 종목을 계속 늘려가는 것이다. 만일 30개 정도로 종목을 늘리면 어떨까. 그중에서 2~3개 종목은 대박을 치지 않을까? 그러다가 결국 '30개로도 부족하니 기술주 전체를 사버리자. 아니, 이도 부족하다. 미국 주식시장에 상장된 주식 전체를 사버리자.' 이렇게 생각하게 되었고, 이는 ETF의 탄생으로 이어졌다.

어떻게 보면 주식투자에서 혁명과 같은 관점이다. 안전한 투자를 선호하는 사람들의 마음이 결국 이런 상품을 만들어낸 것이다. ETF는 개별 종목에 투자하기 부담스러운 사람들이 선택하기에 좋은 방법이다. 미국의 대표 지수 S&P 500을 추종하는 ETF가 1993년 처음 출시된 이래 현재 미국 주식시장에서는 ETF가 큰 인기를 끌고 있다. SPY, VOO, QQQ, DIA 등이 대표적인 ETF 상품이다. ETF 투자의 경우 분산투자를 통해 안정성을 확보한 대신, 개별 주식처럼 주가가 드라마틱하게 상승하지는 않는다. 다만 손실의 위험으로부터 벗어나 안정적인 수익을 추구할 수 있다는 장점이 있다.

2013년 버크셔 해서웨이 주주총회에서 워런 버핏이 남긴 이야기는 굉장한 교훈을 담고 있다. 한 주주가 물었다.

"나중에 아내에게 어떤 투자 조언을 남길 것인가?"

버핏이 답했다.

"내가 죽은 뒤 남겨진 돈에서 10%는 국채에 넣고 90%는 S&P 500 ETF 펀드에 투자하라고 하겠다."

버핏은 왜 아내에게 이런 유언을 남긴다고 했을까. ETF 펀드는 주식시장에서 거래되는 모든 주식을 담고 있기에 증시 변동과 같이 움직인다. 또한 특정 주식을 고를 필요가 없기 때문에 수수료가 저렴하다. 그리고 아무것도 하지 않고 가만히 있어도 월 스트리트 최고의 펀드 매니저들의 평균 투자수익률과 비슷한 수익을 낼 수 있다. 사서 가만히 있기만 하면 저절로 부자가 된다는 의미이다. 이 이야기는 워런 버핏이 우리 같은 일반인들에게 던지는 굉장히 중요하고 핵심적인 메시지이다. 일반인이라면 섣불리 종목 선정을 하려고 노력하지 말고 미국 자본주의 시장을 믿고 시장 전체에 투자하는 것이 최고로 안정적이고 성공적인 투자이다.

부자 수업 11

내 돈은 내가 지킨다

사람들이 투자를 하는 이유는 무엇일까? 돈을 벌기 위해서이다. 그런데 투자를 하면서 다른 사람에게 조언을 구하는 경우가 많다. 그것도 전문가가 아닌 사람들에게 말이다. 심지어 인터넷 사이트에서 조언을 구하는 경우도 있다. 답을 해주는 상대방이 어떤 사람인지 알지도 못한 채 "이 주식을 살까요, 말까요? 지금 팔까요, 말까요?" 묻고 있다. 너무나 황당하지 않은가. 실제 많은 사람이 검증되지 않은 사람들의 이야기를 듣고 소중한 돈을 날리곤 한다.

성공한 CEO들의 경우, 주변 사람들에게 조언을 많이 구한다. 우리나라 재벌 회장님들도 조언을 많이 구한다. 하지만 그들은 직접적으로 돈 버는 방법을 조언해달라고 하지 않는다. 요즘 대중들이 어떤 걸 좋아하는지, 시장의 흐름은 어떻게 바뀔 것인지, 국제 정세는 어떻게 흘러갈 것인지 등에 대해 전문가적 견해를 물을 뿐이다. 내가 어떻게 하면 투자를 잘할 수 있을까? 어떻게 하면 돈을 벌 수 있을까? 무슨 종목을 사면 좋을까? 이런 직접적인 조언을 구하지 않는다는 것이다.

돈 버는 방법을 찾는 것은 전적으로 스스로가 해야 하는 일이다. 내 돈이기 때문에 내가 스스로 판단하고 책임져야 한다는 의미다. 상대가 아무리 전문가라 할지라도 내 돈에 대한 직접적인 조언을 구한다는 것은, 그 사람에게 내 돈의 관리권을 넘긴다는 뜻이다. 조언자가 어떻게 나를 대신해서 판단하고, 그 결과에 대한 책임을 질 수 있겠는가. 투자는 상당히 조심스럽게 접근해야 한다. 돈을 잃는다는 것은 사람들을 깊은 좌절감에 빠지게 하고 심지어 죽음까지 생각하게 만들기 때문이다. 이것은 내 경험에서 우러나오는 이야기이다. 나는 굉장히 긍정적이고 낙천적인 사람인데 투자에 실패하니까 정말 죽고 싶다는 생각이 들었다. 돈을 굉장히 많이 잃은 것이 아닌데도 그랬다. 그때 나는 정말 돈이 무섭다는 생각이 들었다. '사람을 죽이기도 하고 살리기도 하는구나.' 처절히 깨달았다. 돈이 사라졌을 때 인간은 상상도 못할 상실감에 빠지게 된다. 그런 이유로 투자에 대해서는 극단적으로 조심하는 마음을 가져야 한다.

돈 버는 법을 가르쳐주는 사람은 없다

그럼 우리는 어떤 이야기에 귀를 기울여야 하는가. 이지성TV 운영자처럼 우량주식에 장기투자하라는 이야기를 끝없이 해주는 사람, 우량주식 장기투자에 대한 믿음이 흔들릴 때마다 투자의 고전을 읽고 해설해주면서 내 마음을 강하게 붙잡아줄 수 있는 사람의 이야기를 들으면 된다.

"워런 버핏처럼 S&P 500 지수에 묻어두고 아무것도 하지 마라."

이런 식의 이야기를 귀가 닳도록 해줄 수 있는 사람의 말을 들어야 한다는 뜻이다. 이 종목이 단기적으로 오를 예정이니 샀다가 두 달 후에 팔아라. 오늘 나스닥이 떨어졌으니 내일은 가지고 있는 주식 일부를 팔아라. 중국이 이번에 대폭락했으니 이때 알리바바를 줍자. 이런 이야기들은 냉정히 말해서 가난한 사람끼리 하는 이야기에 지나지 않는다.

개인 투자자들이 투자 조언을 얻는 채널은 매우 다양한데, 주변 사람, 은행 직원, 증권회사, 투자정보 서비스 회사, 투자 상담사 등등이다. 문제는 이들이 주식투자의 철학과 원칙을 가진 사람들이 아니라는 것이다. 이런 사람들의 투자 조언을 적극적으로 듣게 되면 결국 실패의 길로 접어들게 된다. 벤저민 그레이엄은 이런 사람들을 한데 묶어서 '잡다한 인간들'이라고 지칭한다. 주식투자에 대해 아무것도 모르면서 아는척하는 인간들이라는 것이다. 그러니 이런 사람들의 조언을 절대로 듣지 마라. 그들의 조언에 귀를 기울이는 순간, 당신은 가난의 길로 직행하기 때문이다.

부자가 되려면 아무도 믿어서는 안 된다

수많은 투자정보 서비스 회사들은 매일매일 주식시장의 소식을 전한다. 지금뿐 아니라 예전에도 그랬다. 오늘의 주가는 어떤지, 어떤 종목이 특히 타격을 입었는지, 해외 주식은 어떠한지 등 시시각각 변하는 정보를 끊임없이 쏟으면서 앞으로 어떤 양상으로 시장이 전개될지 전망한다. 우리나라의 주식 관련 유튜버들도 거의 대부분 이와 비슷한 포맷을 가지고 있다. 놀랍게도 이들은 수많은 예측을 하면서 그 예측이 틀릴 가능성이 크다는 것을 아주 잘 알고 있다.

그래서 그들은 항상 애매모호한 표현을 쓴다. '오를 수도 있지만 아닐 수도 있다.' '그럴 가능성이 있다.'는 식으로 말이다. 이런 표현을 쓰는 것은 자신이 말하는 내용을 확신할 수 없으며 결국 어떻게 될지 잘 모른다는 방증이다. 모르면서 아는척하고 있는 것이다. 이 지점을 벤저민 그레이엄은 날카롭게 비판한다.

"모르는 것에 대해서는 아예 말을 하지 말아야 한다. 오를 수 있다거나 내릴 수 있다는 말도 하지 말아야 한다."

한편, 그레이엄의 이런 비판은 가혹한 측면이 있다. 타임머신을 타고 미래에 갔다 오지 않는 이상 누가 미래를 100% 예측할 수 있다는 말인가. 그 누구에게 투자 조언도 구하지 말고, 주식 유튜브도 듣지 말고, 귀를 막고 눈을 감으라는 말을 하는 것인가? 아마 벤저민 그레이엄은 사람들의 귀를 현혹하고 마음을 어지럽히는 부정확한 예측에 대해 상당히 반감을 가졌던 듯하다. 증권 시황 방송은 상당히 인기가 높다. 만약 내가 이지성TV에서 그런 내용의 방송을 한다면 구독자가 지금보다 세 배는 많아질 것이다. 실제로 매일매일 주식 시황을 살펴보고 오늘은 나스닥 지수가 어떻게 되고, 그에 따라 한국 시장은 어떻게 되었는지, 홍콩 증시가 오르게 되면 어떤 종목이 이익을 보는지 등의 이야기를 듣다 보면 상당히 흥미진진해진다. 이 과정에서 무언가 탁월한 수익을 낼 수 있는 소스를 건질 것 같기도 하다. 하지만 이런 재미를 추구하다 보면 투자의 철학과 원칙에 대해 잊게 된다. 주변의 이야기를 듣고 사고파는 것을 반복하다 결국 재산을 지키지 못하고 망하게 된다. 벤저민 그레이엄이나 워런 버핏 같은 투자의 대가들은 그런 시황 방송은 듣지도 말고 예측도 하지도 말라고 강조한다. 어차피 그런 데서 떠들어대는 예측은 들어맞지 않을 가능성이 더 크기 때문이다. 그런 까닭에 벤저민 그레이엄은 함부로 주가를 예측하는 것과 더불어 '기업의 단기 전망이 좋으면 매수해라.' '이때쯤 매수하면 좋을 것 같다.' '3개월 뒤에 이렇게 될 것 같은데 그때쯤 사면 좋을 것 같다.'는 식의 조언을 굉장히 천박하게 여긴다.

대중에게 가장 많은 정보와 조언을 주는 증권사 역시 믿어서는 안 된다. 증권사를 믿지 않으면 대체 누구를 믿으란 말인가. 고개를 갸웃거리는 사람이 있을지 모른다. 하지만 잘 생각해보라. 증권사는 엄밀히 말하면 고객의 편이라고 할 수 없다. 증권사는 건전한 투자를 하는 사람, 오랫동안 주식을 묻어놓고 움직이지 않는 사람들을 그다지 좋아하지 않는다. 오히려 투기를 하는 사람들이 더 좋다. 차트를 보며 매매를 반복하는 투기꾼들이 많으면 많을수록 수익이 어마어마하게 늘어나기 때문이다. 즉, 증권사는 이런 투기꾼들 덕에 임직원들에게 높은 연봉을 줄 수 있다. 고객들이 오늘의 시황을 보고 매수와 매도를 반복하면서 갈팡질팡해야 증권사는 돈을 번다. 투자자가 철학과 원칙을 가지고 있지 않아야 증권사에는 이득이다. 2021년 주식시장이 호황일 때, 실제 돈을 번 사람보다 잃은 사람이 더 많았다. 하지만 증권사는 어떠한가. 역대 최대의 보너스 잔치를 벌였다. 건국 이래 최고로 많은 돈을 벌었다. 생각해보라. 일반인들이 우량주식을 장기투자하지 않아야 증권사 사람들은 자동차를 그랜저에서 벤츠로 바꿀 수 있고, 아파트를 강북에서 강남으로 옮길 수 있고, 아이들을 미국에 유학 보낼 수 있다. 일반인들이 강세장에 정신없이 들어와 돈을 넣고, 불안한 기미가 보이면 바로 투자금을 회수하는 초단기 매수와 매도를 반복하면 반복할수록 증권사는 더욱더 부자가 된다. 증권사에 우량주식 장기투자는 어찌 생각하면 재앙이다. 다들 별다른 거래를 하지 않고 가만히 있으면 증권사는 수수료를 챙길 수가 없다. 증권사는 더 많은 수익을 위해 고객에게 지속적으로 투자정보를 주면서 고객들이 돈을 계속 넣었다 뺐다 하게끔 유도해야 한다. 이 구조는 벤저민 그레이엄이 활동하던 시기에도 똑같았다. 그래서 결론은 증권사도 믿지 말라는 것이다. 불신을 조장하는 것 같아 미안하지만 그것이 진실이다.

개인 투자자들은 귀가 얇고 아는 것이 많지 않기에 투자은행의 신주 추천에도 쉽게 넘어간다. 투자은행 직원들은 개인 투자자에게 우량주가 아닌 비우량주식을 주로 권한다. 벤저민 그레이엄은 투자은행은 진실을 이야기하지 않는다고 말한다. 영업에 열중하다 보면 양심을 지키기 어렵다는 것이다. 양심적으로 진실을 이야기하면 투자회사는 망한다고까지 이야기한다. 투자회사는 개인 투자자에게 진실을 감추고, 우리가 내는 수수료를 노리고 있다. 월 스트리트에 있는 건물들이 다 이런 수수료로 만들어졌다. 그렇다고 이름난 투자은행의 종목 추천을 무조건 불신하고 무관심하게 굴 필요는 없다. 그들이 추천해주는 종목에 관심을 갖되, 스스로 철학과 원칙을 가지고 그들이 전해주는 정보를 걸러서 들으라는 것이다. 정말 나에게 피가 되고 살이 되는 정보인지, 아니면 내 돈을 훑어가기 위한 가짜 정보인지 구분할 수 있는 능력을 갖춰야 한다는 의미이다.

무난한 실적에 만족하라

비싼 보수를 받는 일류 투자 자문사는 고객에게 허황된 약속을 하지 않는다. 우리에게 돈을 맡기면 몇 배로 불려주겠다는 식의 이야기를 하지 않는다. 한화로 1경에 가까운 자본을 운용 중인 블랙록이나 워런 버핏의 버크셔 해서웨이 같은 엄청난 규모의 투자 자문사의 경우가 그렇다. 이들은 과도한 수익을 내기 위해 위험한 종목에 투자하지 않는다. 이런 투자 자문사는 우량주식에 투자하여 안전하고 적절한 이익을 추구한다는 철학과 원칙을 가지고 있다. 주가의 등락을 이용해서 시세 차익을 얻거나 매매 차익을 얻으려는 시도도 되도록 하지 않는다. 블랙록과 버크셔 해서웨이 같은 투자회사들의 주력 상품은 미국 우량주식 장기투자 상품이다. 대표적으로 블랙록의 경우, 우량주식에 오랫동안 투자했을 때 고객에게 가장 유리하게 설계되어있다. 이와 반대로 비우량 단기투자일수록 고객에게 불리하게 설계되어 있다. 그리고 이 사실을 사전에 고객에게 고지한다. 즉, 진짜 세계 최고의 투자회사들은 엄청난 수익이 아닌 무난한 실적을 추구하며 우량주식의 장기투자 외에 다른 시도를 잘하지 않는다. 그레이엄은 투자의 주된 목적은 인생을 획기적으로 바꿀 원대한 수익을 내는 것이 아니라고 말한다. 원금을 보전하면서 많지는 않지만 안정적인 수익을 내는 것이 목적이라고 한다. '욕심을 부리지 않는다. 그 이상의 실적은 추가 서비스로 간주한다.'는 것이 월 스트리트의 최고 투자회사들이 추구하는 투자의 목적이라는 것이다.

과도하지 않은 적정한 수준의 수익을 기대하고 있다면 조언자를 찾기가 어렵지는 않다. 사실 이럴 때 조언자의 역할은 그다지 크지 않다. 현재 우량주를 가지고 있다면 그걸 오랫동안 보유하라고 반복적으로 말해줄 수 있는 사람, 시장의 변동으로 우량주에 대한 믿음이 떨어질 때 다시 한번 그 믿음을 공고하게 해줄 수 있는 사람이면 된다. 도대체 누구의 조언을 들어야 할지 모른다면 벤저민 그레이엄의《현명한 투자자》와 같은 투자의 고전을 읽고, 이지성TV의 투자 고전 강의를 들으면 될 것이다. 내가 유튜브 채널을 대놓고 홍보하는 것 같아 민망하지만 어쩌겠는가. 현재까지 이런 채널은 이지성TV밖에 없는데 말이다.

공짜 정보는 듣지도 말라

투자정보 회사나 증권사, 투자은행 전문가들의 조언보다 더 위험하고 무서운 조언이 있다. 바로 친구나 친척에게 투자 조언을 듣는 것이다. 아마 이 말을 듣고 많은 사람이 찔릴 것이다. 우리 주변의 많은 사람은 가까운 사람에게 의견을 묻는다.

벤저민 그레이엄은 자기 주변의 가까운 사람에게 주식에 대해 조언을 구하는 것은, 눈이 잘 보이지 않는 사람이 자기와 마찬가지로 눈이 어두운 사람에게 의지하는 것처럼 무섭고 엉터리 같은 일이라고 말한다. 그것은 공짜이기 때문이다. 기껏해야 밥 한 끼 사는 정도의 수고로 얻는 정보가 가치가 있을 리 없다. 친척들에게서 듣는 조언도 마찬가지이다. 그레이엄은 시크한 어조로 말한다. 전문성이 없이 가십처럼 오가는 이야기를 듣고 투자하는 것은 망하는 지름길이라고 말이다. 무료 정보로는 절대 부자가 될 수 없다. 부자가 되려면 펌프질할 때 마중물을 넣듯 투자 지식과 정보에 대한 투자를 해야 한다. 내 돈이 먼저 들어가야 된다는 뜻이다. 가치 있는 정보는 증권사에 직접 가서, 그나마 신뢰할 만한 사람을 만나 컨설팅에 대한 비용을 지불해서 얻는 것들이다. 우리나라에도 상당한 액수를 치르고 조언을 얻는 서비스들이 있다. 그런데 아무것도 모르는 상태에서 컨설팅만 받는다고 좋은 투자를 할 수 있는 것은 아니다. 최소한 기본적인 투자 지식이 있어야 컨설팅도 의미가 있다. 그레이엄은 만일 좋은 정보를 원한다면 그에 상응하는 가격을 정당하게 지불하라고 강조한다. 그런데 가격을 지불한 정보라고 해서 100% 신뢰해서는 안 된다. 화려하고 확실한 이익을 약속하는 사람이 있다면 그 정보는 반드시 의심하고 들어야 한다. 그러면 대체 어떻게 해야 한다는 말일까? 정답은 단 하나, 스스로 공부해서 철학과 원칙을 정립한 뒤에 조언을 듣는 수밖에 없다. 그게 바로 현명한 투자이며, 그 길을 가는 자만이 결국 투자에서 승리할 수 있다.

벤저민 그레이엄은 '누구를 믿고 조언을 구할 것인가?'라는 물음에 가장 정확한 답은 '아무도 믿지 마라.'라고 한다. 나는 투자하는 사람이라면 그레이엄의 이 말을 가슴속 깊이 간직해야 한다고 생각한다. 주식시장에는 파렴치하고 무책임한 사람들이 상당히 많다. 주식시장에서는 화려한 실적을 추구하지 말고, 유행에 휩쓸려서도 안 된다. 유튜브에서는 슈퍼 개미들이 자신의 실적을 자랑하며 확신에 찬 말을 내뱉는다. 이런 사람들을 절대 믿어서는 안 된다. 그 사람들의 말을 듣고 투자했다가 잘못되면 결국 손해는 자신이 보는 것이다. 남들은 다 아는 이야기를 나만 모르는 것 같을 때, 뒤처진 기분이 들 수도 있겠지만 사실 그 상태를 유지하는 것이 더 낫다. 그러면 최소한 실패는 하지 않을테니 말이다.

부자 수업 12

안전마진의 현대적 개념을 이해하라

안전마진에 대해 이야기하기 위해 다시 한번 벤저민 그레이엄의 투자 인생에 대해 살펴볼 필요가 있다. '안전마진'이라는 개념 자체가 벤저민 그레이엄이 투자에 실패한 경험을 바탕으로 생겨난 것이기 때문이다.

인류 역사상 전무후무한 주식투자의 대가, 벤저민 그레이엄은 1929년에 세계 대공황을 겪었다. 공황은 갑자기 찾아왔고 하루아침에 재산의 70%를 잃었다. 아무런 대비가 없는 상태에서 맞이한 폭락이었다. 얼마나 낙담했던지 자살해야겠다는 생각을 했을 정도였다. 그는 그때 주식투자가 정말 위험하다는 것을 온몸으로 깨달았다. 언제 어느 순간 폭락이 찾아올지 모르기에 항상

대비해야 한다는 생각이 들었다. 그때 만들어진 개념이 바로 '안전마진'이다. 이 안전마진은 그가 쓴《현명한 투자자》의 가장 핵심적인 개념이라고 할 수 있다.

안전마진은 말 그대로 투자할 때 손실을 보지 않기 위한 안전장치를 말한다. 시장에 어떤 상황이 오더라도 원금을 잃지 않고 수익을 볼 수 있는 최소한의 가격이다. 이 개념은 벤저민 그레이엄식 '가치투자'의 핵심이기도 하다. 가치투자란 충분한 안전마진을 추구하여 가치보다 싼 가격에 주식을 매수하는 것이다. 즉, 안전마진이 크면 미래에 어떤 일이 벌어질지 정확하게 예측하려 애쓸 필요가 없다. 설령 미래에 예상치 못한 일이 벌어지더라도 안전마진이 충분하면 손해를 보지 않기 때문이다.

그레이엄은 안전마진을 '가격과 평가가치 사이에 존재하는 차이'라고 말하는데 간단하게 설명하면 이렇다. 100원짜리 빵을 50원에 샀다. 만일 빵 가격이 100원에서 50원으로 떨어진다고 해도 나는 원금을 손해 보지 않는다. 안전마진을 50% 확보했기 때문이다. 이 안전마진이 크면 클수록 투자에 대한 위험은 감소한다. 따라서 투자하기 위해서는 주가의 내재가치가 얼마인지를 알아야 한다. 주가와 내재가치의 차이가 바로 안전마진이다.

안전마진의 개념은 간단하지만, 기업의 내재가치를 분석하고,

거기에 맞는 안전마진이 얼마인지 알아내는 것은 만만한 일이 아니다. 그레이엄은 숫자와 논리, 풍부한 실전 경험으로 설명되는 안전마진만이 의미가 있다고 말한다. 따라서 투자하고자 하는 종목의 안전마진을 알아내기 위해서는 주가분석, 기업분석을 해야 한다. 그런데 이것은 일반인이 하기가 거의 불가능하다.

싸게 사서 절대 팔지 않으면 놀랄만한 부자가 된다

워런 버핏의 오랜 동료이자 버크셔 해서웨이의 부회장인 찰스 멍거Charles Munger, 일명 찰리 멍거는 버핏과 마찬가지로 벤저민 그레이엄의 영향을 많이 받았다. 찰리 멍거가 한 말과 글을 모은 책《찰리 멍거의 말들Tao of Charlie Munger》에서 멍거는 이렇게 이야기했다.

"벤저민 그레이엄은 투자자가 된 후 많은 것을 배워야만 했다. 기업의 가치 평가에 대한 그의 모든 생각은 자신을 거의 파괴했던 대폭락과 대공황의 영향을 받았다. 대공황은 그레이엄의 여생에 공포의 후유증을 남겼고, 그의 모든 방법론은 그 공포를 방지하도록 보완되었다."

그레이엄은 평생 몇 번의 대폭락을 겪었다. 단순한 폭락이 아니라 그의 모든 것을 다 망가뜨릴 정도의 처절한 폭락이었다. 이 과정에서 그레이엄은 성장에 대한 확신보다는 언제 어떻게 멸망할지 모른다는 두려움을 배우게 되었다. 그런 까닭에 파산의 공포를 극복하기 위해 안전마진이라는 개념을 만든 것이다. 하지만 이 시점에서 다시 한번 생각하고 넘어가야 할 부분이 있다. 앞으로 우리가 몇십 년을 살아가는 동안 코로나 팬데믹 같은 일이 또 일어날까? 1929년 대공황이나 1차, 2차 세계대전 같은 전쟁이 일어날까? 물론 그럴 수도 있다. 재앙은 언제 어떤 식으로 닥칠지 모르며, 인류가 살아가는 한 예기치 못한 일들은 계속 일어날 것이다. 하지만 인류의 해결방식 역시 계속 발전하고 있다. 하여 비슷한 재앙이 닥친다면 이전의 경험을 바탕으로 더 빨리 털고 일어날 수 있을 것이다. 이런 이유로 우리는 벤저민 그레이엄의 두려움을 그대로 받아들일 필요는 없다.

그레이엄이 주장한 안전마진은 주식이 처음 예상했던 본질적인 가치에 도달하면 팔아야 한다. 찰리 멍거나 워런 버핏처럼 주식을 30년 혹은 40년 장기 보유한다는 개념이 벤저민 그레이엄에게는 없었다. 물론 그레이엄은 일반인에게는 장기 보유를 권했다. 하지만 벤저민 그레이엄은 일반인이 아닌 펀드 매니저였기에 처음에 안전마진이 충분히 확보된 상태로 주식을 구매한 후 일정한 수익을 내면 그 주식을 버리는 투자를 했다. 만약 그레이엄이 1974년에 장부가격의 반값에 팔리던 버크셔 해서웨이를 구매했다면, 장부가격에 도달한 1980년에는 모두 팔아버렸을 것이다. 5만 원을 주고 샀는데 10만 원이 되었으니 더는 가지고 있을 이유가 없는 것이다. 하지만 워런 버핏과 찰리 멍거는 그레이엄의 가르침과는 다른 길을 갔다. 워런 버핏과 찰리 멍거의 핵심 투자법은 우량주식을 싼값에 사서 오랫동안 팔지 않는 것이다. 버핏은 주식이 장부가격을 회복한 후에도 팔지 않았다. 만일 팔아버렸다면 2022년 버크셔 해서웨이의 주식이 주당 41만 달러5억 4천만 원에 달하는 기회를 놓쳤을 것이다. 5만 원이 5억 원이 되는 기적을 그레이엄의 안전마진 투자법으로 하면 절대 만날 수 없다.

벤저민 그레이엄이 안전마진의 개념을 이야기한 지 50년이 넘게 흘렀다. 이 안전마진의 기본 개념은 지금도 유효하다. 안전마진 투자법으로 여전히 돈을 벌 수 있다. 하지만 일반인은 안전마진을 따져서 투자할 수 없기 때문에 워런 버핏처럼 우량주식을 사서 절대 팔지 않는 방법을 택하는 게 낫다.

100년 뒤 관점으로 안전마진을 바라보라

우량주는 높은 가격에 사도 큰 문제가 아니다. 지나치게 높은 가격에 샀다고 할지라도 결국은 이익을 볼 수 있기 때문이다. 예를 들어, 2008년 리먼 사태가 터지기 전날 애플을 샀다고 하자. 그다음 날 바로 애플 주식이 반 토막이 나버린다. 전날 1억 원어치 주식을 샀는데 다음 날 5천만 원으로 떨어진 셈이다. 피눈물이 날 수밖에 없다. 하지만 그런 상황에서도 계속 그 주식을 들고 있었다면 지금 최소 20배 이상의 이익을 봤을 것이다. 배당금을 재투자한 것까지 합치면 최소 50배 정도의 이익이 났을 것이다. 여기서 우리는 명백히 알 수 있다. 우량주식의 경우 최고점에 사도 전혀 손해가 아니라는 것이다. 그냥 들고만 있으면 결국 큰돈을 벌 수 있다. 1억이 50억, 100억이 될 수 있다. 이것이 바로 미국의 우량주식으로 장기투자했을 때 만나게 될 기적이다.

호황기에 높은 가격을 주고 산 종목들은 불황이 다가오는 조짐만 보여도 폭락하는데, 딱 지금의 이야기가 아닌가 싶다. 내가 처음 이지성TV 멤버십 특강을 통해 주식을 사라고 권유했던 게 2020년 4~6월인데, 이때 우량주식을 산 사람들은 지금의 폭락에도 큰 타격이 없다. 여전히 수익 구간에 있기 때문이다. 이보다 늦게 샀다면 양상이 조금 다르다. 속이 타들어갈 수 있다. 그렇다고 해도 우량주식을 샀다면 지금의 폭락은 크게 걱정할 필요가 없다. 언젠가 주가는 올라갈 것이며, 시간이 흐르면 수익은 엄청 커지게 될 것이기 때문이다. 그런데 우량주가 아닌 비우량주를 구매한 사람들은 어떨까. 이 경우 언제 매수 가격을 회복할지 확신할 수가 없다. 처음부터 안전마진이 없었기 때문이다. 투자자에게 손실을 안겨주는 위험은 호황기에 비우량주를 매수할 때 일어난다.

워런 버핏이 코카콜라 주식을 언제 샀을까? 코카콜라 주식이 처음 나온 게 1919년인데 버핏은 1988년에 코카콜라 주식을 매수했다. 코카콜라 주식이 나온 지 70년이나 흐른 뒤에 산 것이다. 그 70년 동안 주가가 얼마나 올랐겠는가. 하지만 워런 버핏은 '코카콜라 주식은 앞으로 더 좋을 수 있다.'며 과감하게 투자했다. 그리고 코카콜라 주식을 산 후 단 한 주도 팔지 않았다. 버핏은 지난 35년간 코카콜라 주가 상승만으로도 거대한 돈을 벌었다. 그런데 배당금 수익도 어마어마하다. 1년에 6억 6천2백만 달러가 들어온다. 2년이면 배당금만으로 투자 원금이 회수된다. 이게 바로 워런 버핏의 우량주식 장기투자법이다. 우리는 이런 걸 배워야 한다.

아무리 우량주식이라도 상승장에 주식을 매수하기는 심리적으로 쉽지 않다. 그러니 주가가 폭락했을 때를 노려야 한다. 워런 버핏이 애플을 산 것은 2016년 애플 주식이 30%가 떨어지면서 당장 망할 것 같은 소문이 돌 때였다. 당시 조지 소로스 같은 사람은 애플 주식을 버렸다. 그것을 버핏이 다 주워담았다. 2016년에서 2018년 사이 총 360억 달러[43조 원]를 들여 애플 지분 5%를 확보한 것이다. 이후 애플 주식은 크게 상승하여 버핏의 자산가치는 1,600억 달러[192조 원]로 늘어났다. 무려 440%가 넘는 가치상승을 이룬 것이다. 이게 워런 버핏의 투자법이다.

워런 버핏이 코카콜라 주식을 살 때, 당시 블랙 먼데이로 가격이 폭락하기는 했지만 과거 가격에 비하면 상당히 고점이었다. 사람들은 코카콜라 주식에 안전마진이 존재하는가에 대해서 의문을 품고 버핏에게 물었다. 그때 버핏은 다음과 같은 말을 남긴다.

"안전마진을 왜 과거의 개념으로 적용하는가? 안전마진은 미래의 개념으로 봐야 한다. 코카콜라는 앞으로 100년 이상 더 잘 될 것이다. 100년 뒤의 관점에서 보면 지금 안전마진이 어마어마하게 확보가 되어있다."

애플을 살 때도 마찬가지였다. 2016년 애플의 주식 가격이 폭락하긴 했지만 그럼에도 상당히 고점이었다. 사람들은 버핏의 생각을 궁금해했다. '가치투자는 주식이 쌀 때 사서 비쌀 때 팔아야 하는 것 아닌가. 애플 1주가 1달러에 지나지 않았던 1990년에 들어갔어야지, 왜 30년이 지난 지금에 와서 들어가는가?' 사람들은 버핏에게 지금 애플을 사는 것은 가치투자도 아니고 안전마진이 확보된 투자도 아니지 않냐고 물었다. 버핏은 이때도 명쾌하게 답변했다.

"내가 애플 주식을 공부해보니 이건 4차 산업혁명 시대의 코카콜라다. 내가 1980년대에 코카콜라를 비싸게 샀다고 사람들은 비판했지만 나는 코카콜라로 굉장한 수익을 냈다. 애플도 코카콜라와 같다. 애플은 30년 동안 나에게 천문학적인 돈을 벌어다 줄 것이 틀림없다. 30년 후의 관점에서 보면 애플 주식은 안전마진이 크게 확보되어있다."

미래의 시각에서 본다면 우량주식을 고점에 사더라도 그게 바로 지혜로운 투자이자, 현명한 투자이다. 지금은 고점이겠지만 3년, 5년, 10년 후에는 굉장히 저렴하게 산 것이다. 그레이엄의 안전마진 개념을 과거나 현재에만 가두어서는 안 된다. 버핏처럼 미래에 적용하는 지혜를 가져야 주식투자를 통해 진정한 부를 거머쥘 수 있다.

부자 수업 13

자본주의에 대한 믿음을 가진 자가 부자가 된다

워런 버핏은《현명한 투자자》를 읽고 또 읽었다. 그는 책 몇 페이지의 몇 번째 줄에 무슨 내용이 있는지, 글자 하나 틀리지 않고 이야기할 수 있는 사람이다.《현명한 투자자》를 거의 기독교인들이《성경》을 대하는 것처럼 숭배했다. 하지만 그 책에 있는 내용 그대로를 모두 수용한 것은 아니다. 투자의 대원칙은 철저하게 받아들였지만, 그 외 종목에 대한 전망이나 투자의 방법 등에서는 자신만의 새로운 견해를 가졌고 그대로 밀고 나갔다.

벤저민 그레이엄의 여러 종류의 주식에 대한 견해 중 철도 주식에 대해서 이야기를 해보자. 우선 이 이야기는 지금으로부터 약 50년 전이라는 것을 기억해야 한다. 그레이엄은 철도 주식에 대해서는 굉장히 부정적이었다. 어떤 업종을 통째로 추천하거나 추천하지 않는 것은 타당하지 않지만, 철도 주식만큼은 추천하지 않는다고 말한 것이다.

당시 철도 회사들은 치열한 경쟁과 엄격한 규제에 시달렸다. 승객은 자동차나 버스, 항공기에 빼앗겼고, 화물운송은 트럭에 거의 빼앗겼다. 그레이엄은 지난 50년 동안 파산하거나 법정 관리를 받은 철도 노선까지 모두 더하면 미국 철도의 절반이 넘어가며, 철도가 호황이었던 적은 있었으나 주로 전쟁 기간이었다는 점을 지적했다. 결정적으로 1970년 미국의 가장 중요한 철도 회사인 펜 센트럴 운송회사가 파산하여 금융계를 충격에 빠트렸다고 이야기한다. 이 회사는 불과 1, 2년 전만 해도 주가가 역사상 최고가에 육박했고, 120년 넘게 연속 배당 기록을 세웠었다. 이 금융 참사 때문에 철도 주식이 전체적으로 힘든 상황에 놓였다는 것이다.

워런 버핏, 그레이엄이 반대한 철도 주식으로 성공하다

워런 버핏은 그레이엄과 다른 선택을 했다. 버핏은 벤저민 그레이엄의 철도 주식에 대한 견해를 받아들이지 않았다. 버핏은

2009년 거의 전 재산을 투자해서 철도 회사를 샀다. 우리나라 돈으로 30조 원을 넘는 돈을 투자한 것이다. 당시 워런 버핏 인생 최대 규모의 투자였다. 원래 버핏은 벌링턴 노던 산타 페Burlionton Northern Santa Fe 주식을 22% 정도 소유하고 있었다. 그런데 리먼 브라더스 사태가 터지면서 주가가 많이 떨어지자, 나머지 주식 77.4%를 사들여서 자기 회사로 만들었다. 이때 버핏은 엄청난 공격을 받았다. 모두가 미친 짓이라고 했다. 컬럼비아 대학 경제학과 교수 브루스 그린왈드Bruce Greenwald는 방송에 나와 워런 버핏은 반드시 망한다고 단언했을 정도였다. 다들 철도 주식에 더는 미래가 없다고 생각했기 때문이다. 그때 워런 버핏은 자신의 선택을 이렇게 설명했다.

"미래 미국의 번영은 효율적이고 잘 관리된 철도 시스템에 의존하게 될 것이다. 10년, 20년, 30년 뒤 인구는 더 늘고 물류 역시 증가할 것이다. 철도는 가장 친환경적 수송수단이고 연료 효율이 가장 높다. 그래서 나는 벌링턴 노던 산타 페를 샀다."

즉, 버핏은 미국의 미래에 투자했던 것이다. 미국이 리먼 브라더스 사태로 잠시 혼란에 빠졌지만 위대한 국가이기에 다시 일어날 것이고 이후에는 더 발전할 것이 분명하다. 미국 기업들은 물건을 더 많이 생산할 것이며 미국 고객들은 더 많은 물건을 살 것이다. 그러려면 철도가 필수적이니 철도의 가치는 더 커질 것이라는 판단이었다. 그 결과 어떻게 되었을까?

정확히 9년 만에 배당금만으로 30조 원이 넘는 돈을 모두 회수했다. 현재 시가총액 1,250억 달러로, 버크셔 해서웨이 자회사 중 보험사인 가이코GEICO에 이은 두 번째로 중요한 자회사다. 벤저민 그레이엄이 부정적 태도를 보였던 철도 주식투자가 워런 버핏에게는 인생 최대의 성공적 투자가 된 것이다. 물론 버핏은 이 주식을 3년 동안 분석하고 기회를 기다렸다. 미래에 유망한 주식이라고 판단했지만 가격이 떨어질 때까지 기다린 것이다. 그리고 마침 리먼 브라더스 사태로 주식 가격이 반 토막이 나자 덥석 인수했고, 새로운 투자의 전설을 썼다. 나는 그레이엄의 철도 주식에 대한 판단이 틀렸다는 것을 이야기하려는 것이 아니다. 모두가 인정하는 주식 대가의 이야기일지라도 그의 모든 판단이 정답은 아닐 수 있다는 말을 하고 싶은 것이다.

그레이엄보다 워런 버핏이 더 부자가 된 이유

내가 벤저민 그레이엄에 대해 강의하면서 느낀 것 중 하나는, 벤저민 그레이엄과 워런 버핏은 비슷하면서 또 다른 사람이라는 것이다. 특히 주식시장을 대하는 둘의 태도는 상당히 달랐다. 두 사람 다 주식투자에서는 최고의 반열에 올랐지만, 시장을 바라보는 태도는 사실 정반대의 입장에 서있다고 해도 과언이 아니다.

벤저민 그레이엄은 주식투자 사기를 크게 당해 파산할 뻔했고, 대공황으로 엄청난 손해를 보고 자살까지 결심하기도 했다. 주식투자로 엄청난 상처를 받았던 것이다. 게다가 1차, 2차 세계대전을 겪은 탓인지 미국이라는 국가에 대한 절대적 믿음과 확신이 부족했다. 투자는 미래에 대한 믿음으로 하는 건데, 그레이엄은 자본주의는 계속 잘되리라는 생각은 있었지만 한편으로는 언제 3차 세계대전이 터질지, 그리고 언제 또 대공황이 올지 모른다는 두려움을 항시 갖고 있었다. 그래서 그레이엄의 조언은 언제나 이런 상황이 벌어질 수 있다는 가능성을 염두에 두고 이루어졌다. 시장이 좋다고 무조건 좋아할 것이 아니라 그게 언제라도 무너질 수 있다는 것을 잊어서는 안 된다는, 불안한 마음이 늘 존재했던 것이다.

하지만 버핏은 사뭇 달랐다. 워런 버핏도 주식이 폭락하는 경험을 했지만, 그레이엄처럼 자살을 생각할 정도는 아니었다. 그리고 버핏은 그레이엄과 달리 위험한 투자는 하지 않았다. 버핏이 경험한 것은 주식이 폭락했을 때 시장에 들어가서 사두면 무조건 가격이 엄청나게 올라간다는 것이었다. 그래서 폭락장이 오면 버핏은 실망하는 게 아니라 오히려 '아, 바겐세일 기간이 찾아왔구나.' 하며 그동안 쌓아둔 달러를 들고 시장에 들어가 좋은 주식들을 '줍줍'하곤 했다. 블랙 먼데이가 찾아와도, 리먼 사태가 터져도 흔들림 없이 현금을 들고 주식시장에 들어가서 저렴하게 주식들을 사 모았다. 그러면 어김없이 그 주식들은 원상회복했고 다시 폭등했다. 그렇게 그의 재산은 기하급수적으로 불어났다. 그레이엄은 주식이 아무리 저렴할 때 들어가도 대공황이 오면 그것보다 더 처참하게 떨어질 수 있다고 생각했기에 폭락장에서 주식을 사면서도 마음 한편에 늘 불안한 마음을 가지고 있었다. 이처럼 버핏과 그레이엄은 주식시장을 접근하는 방식 자체가 달랐다.

이 지점이 벤저민 그레이엄과 워런 버핏의 결정적인 차이를 만들지 않았나 싶다. 벤저민 그레이엄은 언제나 더 폭락할 수 있다는 조심스러운 투자 방식 덕분에 주식투자의 아버지는 되었지만, 세계 최고의 부자는 될 수 없었다. 반면 워런 버핏은 자본주의 시장을 믿고 자신의 역량을 발휘하여 투자를 한 덕에 세계 최고의 부자가 되었다.

워런 버핏은 정말 보통 사람이 아니다. 벌링턴 노던 산타 페에 대규모 투자를 결정한 게 그의 나이 79세 때의 일이다. 내가 이지성TV에서 '미래의 부'를 주제로 강연할 때 "여러분도 30년 후 진짜 부자가 될 수 있다."고 이야기하자, 몇몇 분이 댓글로 "그때 나는 70살이 될 텐데 부자가 다 무슨 소용이냐?"는 말을 남겼다. 하지만 워런 버핏을 보라. 79살에 자기 인생 최대의 투자를 했다. 자신의 전 재산을 끌어모아서, 시쳇말로 '영끌'해서 30조 원을 던졌다. 그리고 성공했다. 워런 버핏을 보며 나는 전율을 느낀다. 워런 버핏은 정말 대단하다. 지금 90세가 넘었는데 여전히 현역에서 활동 중이다. 투자를 정말 즐겁고 행복하게 하는 것이다.

나는 어떤 마인드를 가지느냐가 굉장히 중요하다고 생각한다. 사람들을 만나보면 같은 직종에 있어도 투자를 대하는 태도는 다들 다르다. 어떤 사람은 '투자를 하면 절대 안 된다. 투자를 하다 돈을 많이 날렸고 그 과정에서 심한 우울증을 겪었다.'고 고백하는가 하면, 어떤 사람은 '투자를 잘해서 몇백억 대 재산을 쌓았다.'고 말한다. 두 그룹을 가르는 것은 바로 마인드의 차이이다. 여러분은 계속 '부의 마인드'를 쌓아야 한다. 그래야 부자의 길을 걸을 수 있다.

Epilogue

4차 산업혁명 시대, 무엇에 주목할 것인가

내가 처음 유튜브에서 경제 이야기를 시작한 게 2019년 3월이다. 그때부터 나는 달러를 사 모으고 미국 우량주식을 사라고 이야기했다. 이후 코로나가 터지고 연방준비제도[이하 연준]가 달러를 무제한으로 풀자, 지금이야말로 미국 우량주식에 투자할 시기라고 목이 터져라 이야기했다. 일반인이 부를 안정적으로 불릴 수 있는 길은 미국 우량주식에 장기투자하는 길밖에 없다고, 그러니 우량주식을 계속 사라고 말이다.

2020년, 모두가 주식시장이 영원히 잘될 것처럼 낙관적인 전망을 펼치고 있을 때 나는 이지성TV 멤버십 특강을 통해 미국 우량주식에 대한 강좌를 1년간 진행했다. 그때 다음과 같이 말했다.

"지금 주식이 정신없이 오르는 시기이다. 그런데 이런 시기는 오래가지 못한다. 미국이 경제 체력을 회복하게 되면 달러를 다시 흡수하기 위해 금리 인상을 강도 높게 할 것이고, 그렇게 되면 주식시장이 힘들어질 것이다."

주식시장이 한창 좋을 때 사람들은 내 의견을 무시했다. 이런 시대에 우량주식을 왜 사는가? 폭발적으로 상승하는 캐서린 우드Catherine Wood, 일명 캐시 우드의 아크 ETF를 사는 것이 훨씬 이득이라는 것이다. 그때 사람들은 불꽃놀이가 영원할 것이라 생각했다.

이후 어떻게 되었을까. 연준이 금리 인상을 하면서 환율은 급등했고, 주식은 엄청나게 떨어졌다. 이지성TV를 통해 이야기했던 미래 예측이 대부분 들어맞은 것이다. 나는 점쟁이가 아니다. 철저한 공부를 통해 상황이 이렇게 될 것이라고 예견한 것뿐이다.

금리 인상은 어떤 영향을 미칠까

우리는 현재 상황을 깊이 이해할 필요가 있다. 최근 몇 년간 일어난 일들을 살펴보자. 세계는 4차 산업혁명이라는 큰 흐름 안에 코로나 팬데믹이라는 작은 흐름을 겪었다. 이렇게 엄청난 사건을 작은 흐름이라고 말한다니, 뭔가 잘못된 것이 아닌가 생각하는 사람들이 있을지 모르겠다. 하지만 잘 생각해보자. 코로나 팬데믹이 터지면서 주가가 하루아침에 30% 폭락했다. 큰 사건이었다. 하지만 이때 미 연준은 달러를 무제한으로 풀기 시작했다. 아슬아슬 망하기 일보 직전에 처한 기업들의 채권을 사주었고, 자영업자들에게 현금을 풀었다. 눈앞에서 망해가는 기업과 자영업자들을 미 연준이 나서서 살려준 것이다. 주가는 바로 회복되었고 폭등하기 시작했다. 내가 이 사건을 '작은 흐름'이라고 말한 것은 이 때문이다. 코로나 팬데믹으로 사람들이 혼란에 빠진 기간은 길지 않았다. 문제는 그다음부터이다. 경기는 회복된 듯 보였으나 다시 문제가 발생했다. 달러를 무제한으로 푼 탓에 시중에 엄청나게 많은 달러가 나오게 된 것이다. 돈이 많아지면 필연적으로 인플레이션이 따라온다. 돈의 가치가 떨어지기 때문이다. 미국은 다시 달러를 거두기 위한 조치를 취했다. 인플레이션을 잡기 위해 금리 인상을 단행한 것이다. 현재 미국의 금리 인상은 이러한 흐름 속에서 파악하면 된다. 투자할 때는 시대의 이러한 크고 작은 흐름을 놓치지 않아야 한다.

미국의 금리 인상이 우리에게는 어떠한 영향을 끼칠까. 환율 전문가들은 환율이 1,300원을 넘기면 대한민국의 경제위기가 터질 수 있다, 제2의 IMF가 올 수 있다고 이야기해왔다. 환율만 놓고 보면 대한민국은 현재 IMF 구간에 들어와 있다. 굉장히 위험하고 무서운 상황이다. 언제쯤 안정이 될지 우리는 알지 못한다. 미국이 어떤 정책을 펼치느냐에 우리의 운명이 달렸다.

미국 우량주식의 장기투자에 주목하라

워런 버핏은 축제가 최고조일 때는 비상구 앞에 서있어야 한다고 말했다. 축제가 한창이던 시기, 이지성TV의 메시지를 믿고 따라온 사람들은 지금 안정적으로 부를 만들어나가고 있다. 이지성TV의 구독자 중 2020년 초창기에 멤버십에 가입해 내 말을 듣고 우량주식에 투자한 사람들은 여전히 상당한 수익 구간에 있다. 내가 예측했던 이야기가 잘 맞아떨어진 덕에 지금도 사람들은 내게 조언을 구한다. 달러가 현재 이렇게 많이 올랐는데 지금 원화를 달러로 바꿔 우량주식을 사도 되냐고 말이다. 나는 그렇게 하는 게 맞다고 대답한다. 달러가 오르긴 했지만 미국 우량주식 역시 폭락했기 때문에 지금 시점에서 미국 우량주식을 사는 것은 오히려 이익이 될 수 있기 때문이다.

앞으로도 미국 우량주식은 계속 좋을 것이다. 그냥 좋은 게 아니라 폭발적으로 더 좋아질 것이다. 4차 산업혁명이 시작되었기 때문이다. 얼마 전, 나는 70대 멤버십 회원에게 전화를 받았다. 그분은 나의 강의를 듣고 깊이 감명받아 상당히 많은 미국 우량주식을 샀다고 한다. 그분이 나에게 물었다. 조금 있으면 80세가 될 텐데, 이제 우량주식에 투자하기에는 늦은 것이 아닌가 하는 물음이었다. 나는 절대 늦지 않았다고 답했다. 120세까지는 아직도 40년이 남았고, 100세까지만 생각해도 20년이 넘게 남았기 때문이다. 지금은 초고령화 시대다. 때문에 젊을 때부터 노후를 준비해야 한다. 이를 위한 가장 좋은 방법은 미국 우량주식 장기투자이다. 미국 우량주식 투자는 15년째부터 기하급수적으로 수익이 증가한다. 동시에 막대한 배당금이 나온다. 배당금만으로도 여유롭게 생활할 수 있는 구조가 15년째부터 본격적으로 만들어지는 것이다.

4차 산업혁명 시대가 본격적으로 열리면 무수히 많은 사람들이 인공지능에게 대체되어 실업자가 될 것이다. 전문가들은 앞으로 100년 동안에 대부분의 인류가 인공지능에게 대체될 것이라고 예측하고 있다. 지금처럼 살아간다면 누구나 빈민으로 전락한다는 의미이다. 이를 막으려면 어떻게 해야 할까? 간단하다. 구글, 애플 등 4차 산업혁명을 주도하는 세계 최고의 기업들과 동업을 하면 된다. 구글, 애플과 같은 기업의 주주가 되면 된다는 의미이다. 그러면 어느 날 갑자기 인공지능에게 대체되어 실업자가 되더라도 풍족하게 살 수 있다. 내가 인공지능에게 대체되었다는 것은 4차 산업혁명이 완성되었다는 것이고, 그럼 내가 투자한 4차 산업혁명 초일류 기업들의 주가는 지금보다 최소 1,000배에서 최대 10,000배 이상 올랐다는 것이기 때문이다. 상상을 초월하는 배당금은 보너스이다. 즉 지금부터 미국 우량주식 특히 4차 산업혁명을 주도하고 있는 구글, 애플과 같은 기업에 장기투자하는 것은 가장 확실한 노후 대책이다.

어떤 사람들은 왜 미국에만 투자하라고 하냐며 애국자라면 한국 기업에 투자해야 하는 것이 아닌가 묻곤 한다. 굉장히 어리석은 질문이다. 한국 기업에 열심히 투자한다고 한국을 지킬 수 있는 것은 아니기 때문이다. 미국 우량주식에 투자하면 달러 자산이 한국에 유입된다. 배당금도 달러로 들어온다. 달러가 부족하면 IMF가 터질 수 있다. 즉, 우리가 미국에 투자하여 자산을 늘리고 배당금을 받게 되면 대한민국을 경제적으로 지킬 수 있다. 일본 역시 경제적으로 굉장히 오랫동안 침체되어있지만 세계 경제대국의 지위를 여전히 놓치지 않고 있다. 그들은 이미 달러 자산에 어마어마하게 투자하여 배당금과 이자만 매년 200조 원을 거둬들인다. 그게 바로 선진국형 투자 방법이다. 우리도 그 대열에 동참해야 한다.

한국 주식시장은 안타깝게도 유튜브든 방송이든 투자의 진실을 정확히 이야기해주는 곳이 없다. 코로나 팬데믹 때 자산 버블 시대가 와서 주식이 엄청나게 올랐지만 동학 개미와 서학 개미의 평균 투자수익은 마이너스였다. 충격적이지 않은가. 반면 증권사는 역대 최대 수익을 올렸다. 이런 구조에 대해 우리는 질문을 던져봐야 한다. 한국 주식시장은 나를 부자로 만들어주기 위한 곳인가, 아니면 나를 가난하게 만들기 위한 곳인가. 아마도 후자일 것이다. 나는 이런 투자환경에서 올바른 투자에 대해 알리기 위해 앞으로도 열심히 노력할 것이다. 이지성TV를 통해 일반인이 안전하게 부를 쌓을 수 있는 방법, 미래 부의 흐름에 잘 올라탈 수 있도록 돕는 강의를 꾸준히 할 예정이다. 지켜봐주길 바란다.

270만 부 돌파

자기계발 스테디셀러

10주년 개정증보판

270만 독자의 선택
대한민국 꿈의 고전

《꿈꾸는 다락방》 시리즈
최종 완결판

이지성 지음 | 양장 | 차이정원 | 각 권 15,000원

우리 모두는 꿈꾸는 자였다.
우리는 어린 시절의 순수함을 회복해야 한다.
현실을 보는 대신 꿈을 보고,
현실을 믿는 대신 꿈을 믿고,
현실에 얽매여 사는 대신 꿈을 꾸며 살아야 한다.
만일 당신이 성공한다는 것을 확실하게 안다면,
지금 무엇을 하겠는가?

R=VD, 생생하게 꿈꾸라!
오늘의 꿈을 내일로 미루지 말고 꿈꾸라!
꿈을 이룬 사람들의 이야기

"왜 세계의 교육학자들은 칼 비테에 열광하는가?"

200년간 이어온 전 세계 베스트셀러
자녀교육의 변함없는 바이블!

국내 최초 독일어 원전 완역!
200년간 이어온 자녀교육의 바이블

칼 비테 교육법

칼 비테 지음 | 김일형 옮김 | 차이정원 | 17,000원

이지성 작가가 제안하는 칼 비테 교육법의 정수!
내 아이의 잠재력, 어떻게 깨울까?

내 아이를 위한 칼 비테 교육법

이지성 지음 | 차이정원 | 13,800원

공부를 강요하지 마라. 배움은 즐거워야 한다.
인격적으로 대하라. 결국 중요한 것은 자립심이다.
부족한 부모라고 미안해하지 마라. 칭찬만으로도 아이는 훌륭하게 자란다.
부모가 물려줄 수 있는 최고의 유산은 제대로 교육하는 것이다.

새로운 교육법을 찾는 부모를 위한 '대한민국형' 인문학 교육법
미래의 엄마들이 머리맡에 두고 꼭 읽어야 할 책!

인공지능의 시대
세계 상위 0.01%가 실천 중인 '에이트'를 만나라!

인공지능에게 대체되지 않는
나를 만드는 법

에이트

이지성 지음 | 차이정원 | 17,000원

인공지능의 딥러닝을 이기는
동서양 천재들의 생각법

에이트 씽크

이지성 지음 | 차이정원 | 19,800원

미래 사회는 인공지능에게 지시를 내리는 계급과
인공지능의 지시를 받는 계급으로 나뉜다.
지금 하버드·스탠퍼드·MIT 같은 세계 최고의 대학들과
구글·IBM 같은 세계 최고의 기업들은 '에이트'형 인재를 요구하고 있다.

당신은 무엇을 준비하고 있는가?
어떻게 살아남을 것인가?

워런 버핏 스승에게 배우는 부의 사고방식

벤저민 그레이엄의 13가지 부자 수업

초판 1쇄 발행 2022년 11월 18일
초판 2쇄 발행 2022년 11월 25일

지은이 | 이지성

발행인 | 박재호
주간 | 김선경
편집팀 | 강혜진, 이복규
마케팅팀 | 김용범, 권유정
총무팀 | 김명숙

디자인 | 김태수
강의정리 | 방인화
교정교열 | 문혜영
종이 | 세종페이퍼
인쇄 · 제본 | 한영문화사

발행처 | 차이정원
출판신고 | 제25100-2016-000043호
주소 | 서울시 마포구 양화로 156(동교동) LG팰리스 814호
전화 | 02-334-7932 **팩스** | 02-334-7933
전자우편 | 3347932@gmail.com

ⓒ 이지성 2022

ISBN 979-11-91360-51-6 (03320)

• 이 책은 저작권법에 따라 보호받는 저작물이므로 무단 전재와 복제를 금지합니다. 책의 일부 또는 전부를 이용하려면 저작권자와 차이정원의 동의를 받아야 합니다.
• 잘못된 책은 구입하신 곳에서 바꿔드리며, 책값은 뒤표지에 있습니다.